80年代，中国首批美容从业者·樊文花

2018年樊文花连锁店

樊文花千万俱乐部启动会

樊文花15年以上的工作伙伴　　　　　　　　樊文花30周年成果发布会

樊文花2017年周年庆为民族品牌发声：中国人有能力管好自己的脸

颁奖现场
『最多人接受面部护理吉尼斯世界纪录』
樊文花成功挑战

现场演练实况
『最多人接受面部护理吉尼斯世界纪录』
樊文花挑战

樊文花 『分享美 传递爱』

1988 年
第一家樊文花美容护肤中心成立

90 年代
樊文花南下广州创办现代化工厂及研究基地，
为6000多家美容院提供专业产品

2013 年
第一家樊文花面部护理连锁店诞生，
"产品+服务"模式引领护肤新潮流

2015 年
樊文花大学成立，
为一线培养输送专业人才

2017 年
樊文花面部护理研究院成立，
定位专注面部护理，强化科研创新

2018 年
全国门店突破3000家，
成功挑战"最多人接受面部护理吉尼斯世界纪录"

Experiential Retail

体验式零售

传统行业转型新零售实战方法论

刘琼雄
——
著

樊文花
3000家连锁店的奥秘

机械工业出版社
CHINA MACHINE PRESS

创办30年的美容院+护肤产品国内知名品牌、行业领先企业樊文花,自2013年转型聚焦于面部护理体验连锁店后,仅用5年时间,全国门店就已突破3000家。樊文花这5年的发展是传统服务业转型的一个典型案例,符合当前体验经济、新零售的趋势,为我们提供了生动且务实的经验和方法论。本书聚焦樊文花及其核心高管团队以及一线店长、店员和顾客,从定位、产品研发、落地执行、团队管理、企业价值观建立、创始人基因等方面进行分析,总结和概括其成功的路径,相信对当下诸多面临转型需要的中小企业运营者均有一定的借鉴作用。

图书在版编目(CIP)数据

体验式零售:樊文花3000家连锁店的奥秘/刘琼雄著. —北京:机械工业出版社,2018.11
ISBN 978-7-111-61145-5

Ⅰ.①体… Ⅱ.①刘… Ⅲ.①化妆品-连锁店-商业经营-案例-中国 Ⅳ.① F717.5

中国版本图书馆 CIP 数据核字(2018)第 236840 号

机械工业出版社(北京市百万庄大街22号 邮政编码100037)
策划编辑:赵 屹　　　　　　　责任编辑:於 薇
责任校对:黄兴伟　　　　　　　版式设计:张文贵
责任印制:孙 炜
保定市中画美凯印刷有限公司印刷

2019年1月第1版第1次印刷
169mm×239mm・13.5 印张・4 插页・144 千字
标准书号:ISBN 978-7-111-61145-5
定价:52.00元

凡购本书,如有缺页、倒页、脱页,由本社发行部调换

电话服务　　　　　　　　　　　网络服务
服务咨询热线:010-88361066　　机工官网:www.cmpbook.com
读者购书热线:010-68326294　　机工官博:weibo.com/cmp1952
　　　　　　　010-88379203　　金 书 网:www.golden-book.com
封面无防伪标均为盗版　　　　　教育服务网:www.cmpedu.com

序一 | PREFACE

以不变的美丽应对变化的世界

从 1988 年至 2018 年，樊文花已走过了风风雨雨 30 载，走过了坎坎坷坷的转型之路，个中的酸甜苦辣大概只有陪伴樊文花多年的伙伴们才能有切身体会。虽然过程几多艰辛，但我们樊文花人众志成城，披荆斩棘过"三关"，总算有惊无险地转型成功并迅速发展到了如今 3000 多家门店的规模。

30 年，3 个关卡，3 次转型。

这 30 年来，我们经历了 3 次关乎存亡的关卡并完成了转型，可以说是凤凰涅槃、浴火重生：从经营自有的 8 家传统美容院开始，到建立自主品牌并开放美容院加盟，再到如今全国 3000 多家的面部护理连锁店。

从 1988 年至 1998 年，我进入了高速发展的美容化妆品行业，并在山西太原开设了自己的第一家美容院，之后随着业务的发展又开出了 8 家分店。那个时候，创业开店的想法很简单，不过是为了改变生活质量，为家人提高生活品质。然而美容行业是个市场巨大、门槛低且竞争激烈的行业，安于现状就是死路一条，只有寻求发展才能生存。那个时候，在经营美容院的同时，我还把自己店里客户用得好的产品卖给其他美容院，这一做法使我在短时间内实现了坐拥几百家加盟美容院的规模。为了给加盟店提供能满足其需求的好产品，我创立了樊文花品牌，并且为了保证产品质量，一路南下在广州建厂，建立了自己的生产链，自产自销，良性发展。产品好自然销量好，陆陆续续有客人也代理起了我们的品牌，并在美容院内卖起了我们的产品。巅峰时期，全国有6000多家美容院使用我们的产品。我们肩上的担子和责任也由此变重了，不仅要把自己的产品卖出去，也要帮助相信和选择我们的代理商、加盟商更好地服务用户，这是我们的责任，也是我们的使命。

从1998年到2008年，人们的经济条件变好了，对于美的追求使得美业发展极其迅速，但在利益的驱使下，本就鱼龙混杂的市场变得更加混乱不堪，消费者便逐渐丧失了信心，再加上电商的迅速崛起，以摧枯拉朽之势颠覆了整个行业。像我这样的传统美业从业者，在大变革面前茫然无措，仿佛天都塌了一般，不知道前路在哪里，更不知道有没有明天。但我深知我不能倒下，我肩负的不单单是自己与家人的生计，还肩负着兄弟姐妹对我的信任与期待！于是，我不顾一切地将赚到的每一分钱都重新投入了品牌！

尝试转型的路可谓是荆棘遍布、一路坎坷，于我而言更是痛苦不堪。我尝试着去做从来没做过的商超渠道，做了一个全新的美酷原液面膜品牌，请了明星代言人，也做了广告宣传，生产了500万贴面膜却积压在库房卖不出去，投入巨大但收效甚微；我也尝试着去做当时流行的上门服务，花了数百万元的研发费，却最终落败。当时，几十年的积蓄快要被这几次尝试耗费一空,更可怕的是,曾经一条心的兄弟姐妹被打击得信心全无。无数个失眠的夜里,我也曾失声痛哭过,自问是不是真的已经穷途末路。可我绝不能认输!我不能忘了初心,更不能忘了身后的兄弟姐妹,我不能辜负他们的信任!

根据从业多年的经验和对市场的观察,我深知使用我们产品的女性,70%以上都不知道如何选择适合自己的产品,他们需要专业的指导与护理,于是我决定将传统美容院提供的服务全面升级。根据用户的需求与使用场景,再结合团队所长,我最终决定聚焦于面部护理这一品类,立足于面部护理连锁店这一模式!新模式背后的商业逻辑很简单,就是以用户为中心,为用户提供最专业的服务与产品。女人在哪里,店就开在哪里,街边店没人流,我就搬去人流量大的商场;美容院护理时间长,我就设计快捷的30分钟极致护理;美容院不愿做面部护理,我就单单只专注于面部护理;美容院不重视面部护理,我们就做分肤护理,针对不同的面部肤质提供不同的护理方案;美容院收费高,我们就提供完全免费的服务;有很多人不敢使用我们的产品服务,我们就免费派发给客人试用!我从未忘记过自己的初心:只做会做的事,只做对用户有价值的事,只提供品质过硬的产品,只提供最专业的服务。在所有人都唱衰实体经济,不看好连锁店模式的逆境中,我赌赢了这一场!在被互联网冲击得七零八落的残酷环境中,樊文花坚强地走出了一条活路,一条通往未来的路。

从2013年至2018年,樊文花从一家面部护理门店裂变出了3000多家门店,并且数量还在快速增多。很多人问我,樊文花的成功之道是什么?

樊文花不光是一个人的名字,也是一群人的名字,樊文花的发展离不开团结一致、艰苦奋斗的所有樊文花人,樊文花品牌的成就同样也属于每一位樊文花人。

无论这世界如何翻天覆地地变化,新鲜事物如何颠覆人们的生活,樊文花都谨记一点,那就是:人们对于美的诉求是不会改变且一直存在的。他们需要精心打造的产品,需要无微不至的服务,更需要被关爱与被呵护。而樊文花存在的意义、活着的价值、背负的使命,便是为这些爱美人士提供他们所需的一切,并不断满足他们对美的新的需求。"落红不是无情物,化作春泥更护花。"樊文花人都深深热爱着这份美丽的事业并奉献着一切,我们愿化作那丝毫不起眼的泥土,滋养爱美的种子,开出那最娇艳的花儿。

樊文花,分享美,传递爱。

樊文花

序二 | PREFACE

花开千万家

我加入樊文花是在 2014 年年末，当时我就觉得，樊文花未来一定要做成美容界的"海底捞"，终有一天，我们也可以有一本书在机场书店和中国任何一个可以买到书的渠道中出现。没想到，这一天来得如此之快且突然。

在移动互联网笼罩下的新零售时代，樊文花作为传统美业的一个代表，硬生生地在中国大地上绽放出了 3000 多家连锁店，而时间的跨度只不过短短 5 年。对此，业内外的人士都会驻足思考：是什么给了樊文花在这个兵荒马乱的时代野蛮生长的土壤和力量？

多年前，郎咸平教授出版过一个本质系列的读物，其中有一部分内容写的是化妆品行业的本质。他说，化妆品行业的本质分为三个层次，第一层是安全需求，第二层是功效需求，最顶层是品牌共鸣。我们先看前两个需求，安全和功效。樊文花作为一个从传统美业成长起来的品牌，能活过 30 年自然可以证明其产品的安全和功效是有其群众基础和市场需求的，而其商业模式的基础端更是能够以实事求是的操作证明其产品的安全和功效。顾客使用的第一片面膜是免费的，如果感觉用得不错，还有一次来店做30分钟免费护理的机会，两次下来，顾客再决定买不买。俗话说得好，有再一再二，还会有再三再四。销售人员再能说会道，顾客也不会轻易受骗上当，也不可能在短时间内被一个项目骗三次吧？何况西瓜甜不甜，尝三次还能不知道吗？

我经常说，樊文花的商业模式有自动检验产品品质的功能。我想，化妆品的安全和功效这两个基础本质，樊文花应该是可以毫无争议地打满分的，那么我们再来看看品牌共鸣这个顶层本质。品牌共鸣的背后其实是一位企业家的情怀、梦想和初心，樊文花企业的董事长樊文花女士，1988年从一名美容师开始做起，用30年的时间一步步走到今天，靠的是什么？靠的是对事业的热爱和对顾客的敬畏。她经常说的一句话就是：做好产品，给亲人用。她把员工当姐妹，把顾客当朋友，没有哪一款产品会像樊文花这样追求平等的美，当改变、绽放和影响成为这个品牌的基调时，樊文花的品牌共鸣承载的便是每一位女性对美的毕生追求。当一个品牌的共鸣点如此精准地穿透一个群体的共性时，成功就只是个时间问题了。

为这样一本书写序言并不是一件轻松的事情，不识庐山真面目，只缘身在此山中。所以我力求置身其外，力求更加开阔地从一个行业的视角和时代的背景来看樊文花的过去、现在和未来。

我与本书的作者刘琼雄老师有过不下100个小时的深度沟通，哪怕他的书稿已经写完，我也仍然在积极探索樊文花的未来。从0到1需要的是想象力，从1到10需要的是行动力，而从10到100需要的就是团队管理和标准建设的能力，从100到1000需要的就是复制标准的能力，而从

1000到10000需要的则是系统的管理能力、文化的渗透力以及资本的驾驭能力。而今天的樊文花，要实现4年内从3000多家店到10000家店的跨越，对樊文花整个团队而言都是巨大的考验，尤其是对于樊文花的管理组合来说。这个挑战是什么呢？因为10辆马车连起来都成不了汽车，所以我们必须长出新的肌肉，生成新的力量，这个挑战就是单店的盈利能力以及群体的复制能力，这个能力包括了系统的打造、文化的落地生根、品牌的基础建设，以及与时俱进的观念和工具。就在我写这篇文章的时候，樊文花刚刚结束了为期4天的第6个财年的全国营销会议，本次会议确定了以清单革命为培训的抓手，以刻意练习为管理的要求，从而实现学以致用和知行合一，绝不放弃任何一个选择樊文花的加盟商，绝不辜负任何一个选择樊文花产品和品牌的顾客。

每天都是新的开始，每天都有新的挑战，而最有味道的人生，就是在不断重复的正确动作中感受新鲜的味道。想起一位禅师曾说过的话，得道之前砍柴想着烧火，得道之后砍柴就是砍柴，烧火就是烧火，此生为此修，一直在路上。愿樊文花花开千万家，愿樊文花的未来与你相伴，愿你的幸福能够被樊文花见证。

王国鹏

前言 | PREFACE

野蛮生长的"体验式零售"

"企业是以服务为舞台,以商品为道具,以顾客为中心,创造顾客能够参与,并且值得顾客回忆的活动。在顾客参与的过程中,记忆长久地留住了对过程的体验。如果体验美好、非我莫属、不可复制、不可转让,顾客就愿意为体验付费。"

——《体验经济》,1999 年
美国经济学家约瑟夫·派恩、詹姆斯·吉尔摩

这本书的内容更多是我们的一种反思,希望能给同行带来更多的启发和借鉴意义。中国有很多企业都会经历这种痛苦的转型升级阶段,所幸,樊文花已经扛过去了。但是严格意义上来说,樊文花还不能被称为现代化的企业,至少我们不是精细化运营的。樊文花现在算是初步转型成功了,这里面是一定有我们的独到之处,我们也没有那么完美,只是有顽强的生命力而已。目前,我国除了有海底捞这种成功的转型案例以外,更多的企业是像樊文花一样,

没那么完美，没那么成功，但都在努力转型、努力图生存。所以希望通过这本书，能给还在转型的中小企业提供一些参考。

有些公司的书，可以用感叹号和句号结尾，因为其模式已经固化；但我们这本书应该是以问号结尾，因为我们还在路上，还在行进中。

——王国鹏（樊文花营销总经理）

01

最开始，我给本书想的名字是"樊文花你学不会"。在跟樊文花品牌创始人樊总讨论时，她沉吟良久，说："要不还是改为《樊文花你学得会》吧？"

因为在她心中，樊文花面部护理连锁体验店探索的模式，应该是可以让更多的普通女性都能快速学会的，如果学不会的话，就意味着与"樊文花模式"所倡导的方法相违背，并不是她想要达到的最终效果。

颇有意思的是，樊文花与她的团队仅仅用了短短几年时间创立的连锁体验店模式，自2017年以来得到高速发展，在三四线城市俨然形成夺城掠地之势，这与她此前20几年时间率领团队在美业前线沉淀下来的创业经验息息相关，这样的企业基因在国内难以类比。樊文花从传统美容院行业转型，内部创业三年，终于找到了成功的方向，绝地逢生，到现在更以体验商业创新的姿态踏入"新零售"的门槛，这样的企业发展历程的确是别人一时学不来的。

学得会，是因为樊文花心里想着如何让更多像自己一样普通背景出身的女性可以谋生立业，有自己的美好生活；学不会，是因为樊文花在企业内部塑造出来的团队精神，和自成体系的公司文化，集合了朴素的传统价值观和先进的合伙人制度，独门路径，难以复制。

学不会，学得会，都有道理，都是值得观察的角度，本书也试图从这两个角度来写写樊文花模式的奥秘。

02

开店的数量和速度，是观察樊文花转型升级过程中的一条重要线索。

2013年4月28日，樊文花同时在南方的广州和北方的太原各开了一间面积二十多平方米的试验店。这是樊文花从业以来开的空间最小的店了。

到2015年年底，足足用了两年半的时间，樊文花开出了近800家体验店，主要分布在太原。这个成绩很不错。

过了一年半的时间，到了2016年年底，樊文花的门店数量突破1700家，遍布全国各地。

2017年年底，樊文花开店总数量突然增加，在全国三十几个省市一下子开了2000多家店，平均每天开7家，而且多数加盟店都是来自樊文花的顾客，具有野蛮生长之势，给团队以巨大的鼓励。这个趋势甚至开始倒逼着樊文花团队去加快筹划集团管理的步伐。

到2018年5月，樊文花已经开了3000多家体验店，最新目标是2018年内达到4000家。参照前面的基数和速度，这个数字已是触手可及。

樊文花的最后目标是要在全国开10000家连锁体验店，因为根据樊文花团队自己的测算，全国面部护理市场可以容纳20000家连锁店，他们希望自己品牌的连锁店要占到市场容量的50%以上。

樊文花近两年的开店速度如此之快，其中有什么奥秘吗？樊文花到底做对了什么？为什么可以实现快速增长？这个增长是扎实的吗？每个店都是怎么生存的？樊文花和她的团队又是怎么管理的？相信看到这里，你已经有了一连串的疑问。

03

下面就说几个可能会让你感兴趣的要点。

第一，在樊文花连锁店的店长和店员里，99%以上的是女性，而且普遍没有显赫的学历背景和家庭背景，都是来自三四线城市以及农村地区的普通女性。

第二，这些樊文花的年轻"伙伴"们（在樊文花企业内部，没有"员工"的说法），个个都具有埋头苦干的精神，不仅从零开始学会了经营，还个个都因为樊文花而明显地改善了自己的生活，开阔了视野，并且都不约而同地得出一个结论，就是要终身认定樊文花这个"简单、听话、照做"的模式。她们当中的一些人，就是因为相信樊文花模式而实现了人生突破，从普通的美容师成长为管理几十家甚至上百家店铺的合伙人。

第三，樊文花模式的创新方法，很多是自下而上的，由一线店面涌现的创新方法来推动总部的决策。先野蛮生长，再科学管理。总部的品牌管理部门和标准管理部门甚至是在开店达到700多家以后才逐步完善的，但在此过程中，企业依然表现出了罕见的管控力。由此看来，这是一个在开放式管理上颇有自创"土方法"的企业。

第四，这是一个传统的服务业+日化业公司，团队完全没有互联网公司的基因，却在实践中自行采用互联网思维来开发产品和提升服务，她们在线下的探索和创新并不逊于互联网公司在线上得出的那些经验和成果。

第五，樊文花从传统美容院及化妆品工厂走到今天"体验式零售"

的路径是这样的：开社区美容院——自主开发产品——自办工厂生产产品——美容院连锁加盟——转型聚焦面部护理——在商场开设面部护理体验店——细分产品线——体验店开放合伙制。在这个过程中，边做边改，中间也遇到了各种大小问题，但最后总结回顾下来，依然做到了发扬传统的体验服务优势，重新定位品牌方向，打通新的产品逻辑，改变了团队组织关系，开辟了新的市场空间。

第六，樊文花一边在做减法，砍掉之前为满足美容院的需求而不断做新产品研发的思路；一边又在做加法，细分用户需求，面膜产品不断更新迭代。总结来说，樊文花就是让产品说话，让过硬的产品成为所有营销和服务的后盾，让产品真正展现其本身的价值。

第七，樊文花的免费服务是真的免费，并且是以绝对认真的态度贯彻每一项服务的内容。因为她们找到了把免费的服务转化到收费的产品上的绝佳路径，所以都能做到真心实意。

第八，樊文花以免费的"体验经济"在三四线城市扎根，再逐步发展到二线城市、一线城市的策略，事实证明是非常有效的，这不是降维突破，而是脚踏实地地做到了服务升级、品牌升级，道路不是越走越低端，而是向上发展，反而在未来仍有更多发展空间。

第九，樊文花模式做到了真正的"体验式零售"，或者说是创新了体验式零售的模式：越是提供免费体验，就越能实现销售增长，体验在零售空间里真正成了主角，而不是点缀或附庸。

第十，樊文花采取的是降维式的"消费升级"策略，为普通女性提供了原本她们要花更多钱才能享受到的东西，从而获得了更大的市场空间。

第十一，樊文花用"相信的力量"，让"伙伴"（每位企业成员）实现了财富增长，把善良做人的理念结合在实体经济里，起到了神奇的化学反应。正能量和爱的传递，与给自己带来实实在在的收入形成因果关系，这让每个伙伴都把个人的安居乐业与这家企业紧密结合起来。

第十二，"坚持"成为樊文花团队的共识。前面已经有人先坚持了下来，并且真的有所收获；而跟着做的人，也因为坚持了下来，而看到了成果。一旦找准了方向，剩下的就是坚持下去，这家以服务业起步的民营企业，坚持在自己的领域精耕细作30年，在中国也不多见。

第十三，樊文花团队对普通女性的管理思维自成一派——为普通女性服务，让普通女性立业，不但要做出规模、做出模式，在全国做大做强，还要做得简单易学、好管理，实在是不简单。

第十四，樊文花连锁店开店数量的"野蛮生长"既属于必然中的偶然，又是偶然中的必然。一个原本做传统服务业并且准备创新突破的创始人，遇见了一个精通人性研究的营销体系设计师，再加上一群女性实干家，在此"野蛮生长"的意思既体现为让人惊异的速度，又体现为樊文花模式是依靠基层崛起的本质。

04

樊文花从1988年创立第一家美容店开始，到2018年正好满30年。都说三十而立，对于樊文花和她的企业来讲，经过一轮转型，却像是重返少年，又到了蓬勃发力的时候。而我在和樊文花公司高层讨论本书结构的时候，却发现其团队已经在着眼思考如何使企业经营到100年这样的"务虚话题"上了。

如果没有重新设置起点，没有站稳脚跟，没有找到发展的力量，是根本没有勇气去思考企业经营100年的底气的。

樊文花不是近年来常见的创业型互联网公司，而是一家经营了30年的做着服务业生意的实体公司，其提供的产品是每个女人都会用到的基础护肤产品，提供的服务是每个女人都会需要的日常面部护理。只要世界上还有女人的存在，女人面部护理这个生意就是永远也做不完的，因为这是"刚性需求"。当传统的实体公司改变做法，倡导体验经济，会碰撞出怎样的火花？

樊文花公司能让人感受到一点：市场是永远存在的、稳定的，那么企业转型升级的潜在风险则主要来自内部。产品是否够新，服务是否够极致，供应链管理是否完善，也许都是关键；而企业精神和管理文化则是最重要的法宝，如同人体中的血液一样重要。

在樊文花企业内部，洋溢着一种独特的、有信念的氛围。在樊文花各个体验店里，其员工真诚的服务精神会让你感觉到，这里的所有人都像是为自己家在努力拼命干活一样，融合了现代企业管理与传统家长式管理风格，两者都在樊文花内部有体系地存在着，这些正是樊文花要把企业持续发展到100年的自信和责任。

05

樊文花最重要的合伙人王国鹏总经理这样认为：樊文花作为一个极其传统的商业公司，由一群极其传统的人领导，能够在这样的一个时代背景下不断地成长、发展，是现象级的。为什么是现象级呢？因为事实上樊文花做得并不算有多好，但无论是店铺的数量还是顾客的反馈，都代表了在传统电商的弊端下，人们更渴望享受人与人之间的互动，更喜欢回到线下体验的场景。

在一线做产品营销多年的王国鹏总经理喜欢研究人性，他为樊文花面部护理连锁店开店数量的裂变做出了卓越的贡献，可以说，是他创造了樊文花模式快速复制的关键部分。而他最注重观察的，就是"人与人之间的互动关系"。

樊文花创始人樊总注重的是产品研发、商业模式设计、店铺内与顾客、用户的互动关系，而加入樊文花两年多时间的王国鹏总经理注重的则是店铺外的与合伙人的互动关系。两个人联手创造出了樊文花模式的快速发展，而这一切都源于该品牌对女人的洞察和关心、信任和尊重。

所以，"新零售"也好，"体验式零售"也好，最终都要回到用户对产品和服务的体验上来。创办30年的樊文花走到今天依然活力四射，就是做到了一切都围绕顾客体验，然后共同用心去创造高效的品牌认知和销售转化。而樊文花模式的初步成功印证了一个道理：赢得了用户体验，就赢得了市场半边天。

本书就是希望能把樊文花这5年转型升级期间所摸索出来的经验和方法阐述透彻，让更多的从业者或是正在努力转型的传统企业可以找到一些借鉴之处；更希望让普通女性读者可以从中得到些许灵感，从而找到那个让自己最终能够踏实立业的"相信的力量"。

谨以此书，向改革开放40周年致敬。正是因为中国20世纪70年代末开始的改革开放，才有1988年樊文花开始创业，才释放出来了这么多鲜活的思想、这么多努力奋斗的企业家，以及这么多创新的模式……也才有了让我们采写、记载、成书的机会。

目录 | CONTENTS

序一

序二

前言

一、传统美业转型之痛与快 // 001

二、重新定位：面部护理 // 021

三、把免费做到极致 // 041

四、不知不觉地用互联网思维做产品开发 // 063

五、从 1.0 到 3.0 的店铺体验 // 079

六、从店铺后台管理看"体验式零售" // 089

七、从 100 名到 10000 名店长 // 107

八、假如有"樊文花特色"，那么会是什么呢？ // 131

九、存在一个女性面部护理的"百亿元市场"吗？ // 161

十、离百年老字号还有 70 年？ // 179

附录　樊文花企业发展史 // 191

体验式零售

一、传统美业转型之痛与快

根据《2017—2021年中国美业市场现状及发展前景研究报告》显示，截至2018年1月，中国从事美业相关人员已超过4000万，美容相关产品年增速达30%。预计到2025年，中国美容市场规模将会突破8500亿元。

这是一个充满市场潜能的产业，却也是一个充满"风风雨雨"的行业。美业从20世纪80年代初起步，从最初的遍布街头巷尾的小型美容美发店、小化妆品厂，发展到现在的集各种大中型美容美发美体中心、美容美发美体器材生产、美容美发教育等于一体的综合型产业。行业发展飞快因而竞争激烈，大多数美业品牌都是各领风骚三两年，一不小心就会被同行吃掉。

10年前的一份调查报告中的数据可以做比较参考，在2008年，全国美业就业人员总数约1120万人，城镇美容机构总数约154.2万家，平均每个美容就业者每年创造的营业收入为2.14万元。那还是一个没有微信、没有电商、没有微商的年代。这份报告得出结论：中国美容业正处于较快增长期，是一个充满竞争的成长型产业，仅近5年的新开店总数就占了总数的78%。

可是，如今回首看看过去这10年时间，如今还能保持活力的美业品牌还有几个？

1988年进入美容业的樊文花就是在这个行业飞速发展的时期赚得了自己的第一桶金，并且奠定了企业的第一块基石——有了自己的品牌和产业链。樊文花从山西太原开办美容院起步，然后走上自主研发产品的道路，在广州开办工厂，最后形成生产、销售、服务一体化的美容院连锁产业，规模最大时曾拥有6000家终端加盟店。

这是一个竞争残酷的行业。时间来到10年后的2018年，市场环境又已经完全不一样了。

作为美容院连锁行业的领头羊之一，樊文花比其他企业更早地触碰到了天花板，并为之痛苦地寻找解决方案。为了能在接下来的市场环境中得以生存，樊文花从内部进行一次转型升级已成为必然选择。

首先冒出来的问题就是：还要不要继续开自营的美容院？产品除了供应美容院外，还可以做什么？

1. 美容院产业之天花板

樊文花从美容院转型到面部护理，最关键的时间点是2013年。

这一年，樊文花领着几个同事，于4月28日在广州和太原两个城市探索性地同步开起了一间小小的"樊文花面部护理体验店"，正式掀开了内部创新转型的序幕。

广州门店和太原门店分别承担不同的任务，樊文花带着团队探索体验店的模式；薄晓波则在太原负责落地实践，测试销售结果。

在此之前，樊文花企业更被市场熟知的是：一家定位为"国际领先的美白专家"的全国性连锁美容院，拥有遍及26个省、市、自治区的数千家加盟店。而樊文花本人，则被誉为美容行业的师母级人物。

6年前的2012年，在樊文花公司内部出版的品牌文化特刊《繁华盛景》里，对美容院的经营目标还是这样写着："常规专业美容院线终端数量突破5000家，年度营业额突破1亿元。"

其实在此时，樊文花就认识到企业发展已经到了至暗时刻，不得不去思考美容院是否要继续做下去的终极问题。

从以上数据其实也可以一窥美容院的天花板在哪里：即使达到5000家加盟店，目标营业额1亿元，平均每家店的营业额也才20万元一年。市场想象空间实在有限。

"有一天，我突然明白了什么叫作天花板，就是营业额上不去了。我有一个本子上写着公司每年的营业额目标，从6000万元、8000万元，然后做1.2亿元、1.8亿元，到了后面连续四年都增不上去，第五年也增不上去，好难的。"樊文花说。

樊文花这种以给传统美容院供货为主导的商业模式，门槛不高，竞争很激烈，规模难以做大，而且还随时有被新对手和新模式替代的风险。

其实樊文花在美容院行业坚持做了二十几年，在业界已经是属于寿命较长的了。

"美容院的品牌寿命都比较短，历经时间久的大品牌到后面就会转型去做培训学校，直到今天能存活下来的都不容易，中间死掉的太多。"在樊文花公司创办初期就已经加入了的薄晓波副总经理回顾说："目前，大部分美容院的收益基本上是来自医学美容。"

医学美容的收益又主要在于微整形等项目，业内经营者都不看好面部护理这种单子太小的业务。"在业务上，美容院收益里，微整形的大项目占50%，身体护理占40%，面部护理只占10%。"

薄晓波说："当时，我们的业务主要是以面部为主、身体为辅，被市场逼着又加了一些身体项目。"而在医学美容的方向上，薄晓波认为不符合樊文花的企业基因，"可能根本赚不了那个钱，有风险"。

关于天花板的判断，樊文花的分析则是这样的："美容院模式的天花板有两个，第一个天花板就是美容院的定义就是卖服务的，假设从一个客人身上收了100元，其中大概有40%是产品的费用，60%是服务的费用。近年来，美容院服务比例逐渐加大，就慢慢变成了30%是产品的费用，70%是服务的费用；到现在甚至就变成二八开了……这些变化都是我完全经历过的。对于一家有工厂的品牌，以前供应产品给3000家美容院就很好了，但现在这个趋势我们发现需要供应6000家了，因为美容院在砍产品的比例，增加科技设备的服务比例，我们要发展就得要增加产品的供应……这两方是相悖的，大家要的都不是同一个方向，所以这个行业是肯定做不下去了。可以说，我们选的行业本身就有天花板。"

突然发现企业发展下去并没有什么前景，这是让企业创始人最痛苦的事情了。

据薄晓波回忆，就是在2012年下半年，公司管理层在广州总部开了九天九夜的会议,"开会开得人都快废掉了。如果人的一生都有黑暗时刻,那我们恰恰是到了等不到天亮的那一刻,那种煎熬,那种痛苦,无法用语言表达"。

当时,樊文花的主要商业模式是自营美容院,并且为加盟的美容院专供自己研发和生产的产品,应该说公司收益的大头主要还是靠后者。樊文花自营美容院的规模不大,在山西太原有7家,在广州的花都有1家,自产自销的小循环在内部是健康的,危机并不是很严重,养活自己还是可以的。所谓"黑暗时刻",主要是想解决樊文花在广州的工厂所生产的产品的出路,以及在身边一起打拼了多年的自营美容院的伙伴们在面临行业下滑时未来的选择。

事实上,2010—2012年期间,樊文花公司也同时达到了一个辉煌期。近些年来,整个美容院行业的生意都在下滑,樊文花的美容院加盟连锁以及铺货生意做得很艰难,从辉煌转到黑暗低谷,其实就是一体两面的事,看你用什么角度去看而已。加盟的美容院对樊文花更多只是进货的需求,这个关系非常脆弱,因为同类竞品非常多,受到大环境的影响,美容院又纷纷上马利润更大的其他医学美容和美体项目,这些对于樊文花来讲,都是日益增加的不可抗风险。

"我们搞得很累。未来这样走下去,绝对没出路。"薄晓波发自内心地说。这个企业即将到来的危机不只是天花板的问题,还有未来能否生存的问题,是继续消耗下去,还是及时拐弯,另寻道路?

新的选择该怎么与旧的结合?是断臂求生,还是借鸡生蛋?又或是别的?

九天九夜,就为这些问题想破了脑袋,只是为了想一个出路而已。

2. 转型遇到的第一个大坑

转型不是靠开几次马拉松会议就能想到方法的,还是得亲身实践。

这三年期间,樊文花为了转型,曾经掉进了一个大大的坑。不过,这一段弯路很多人都不知道,而这个坑也只是很多个坑中的一个。

樊文花曾经请过一个咨询公司,给公司当时的经营情况做定位诊断。

"诊断结果立刻使我的想法破灭了,他们说樊文花的基因是做美容院,不是做日化线,这时候如果转做日化线很有危险,因为樊文花团队不具备这个能力。"薄晓波对这个咨询结果还记忆深刻,"专家说,做日化线不是你们想象的那样。"

2010年的时候,她本来正在和樊总讨论,是否可以选择做快速消费化妆品,即开辟一条新的日化线,重建品牌。当时的薄晓波个人已心生倦意,不想再做美容院的生意,她甚至打算亲自去一家拥有日化线的企业学习一段时间。

被"不能做日化产品线"的意见打击之后,薄晓波被公司派去做一个美容院的新品牌"姿态美"。

"当时,咨询公司说樊文花名字不好听、不好记、太土,然后做了三年的工作,把樊文花改成姿态美。"为此还重新构建了企业的背景故事,因为樊文花当时在香港也有置业,就把品牌跟时尚的香港关联起来。

"我们等于用三年时间把樊文花改成了姿态美,这相当于整个品牌都改头换面了,从美容院到产品都改叫姿态美,也基本上把樊文花整个系统都更新了一遍。结果发现此路不通，不到三年又不得不把姿态美改回樊文花。"

"姿态美"这三年，被薄晓波认为是狠狠地"交了一笔学费"。

最后，大家发现不是改了名字就可以发展好的。"为了开新品牌的美容院，樊总那时候投了巨资在太原买店面，但是发现开美容院的时候，人才很难复制。美容院的技术要求特别高，而且投资一家店200万元，不要想着一年回本，很可能有的三年都回不来本，特别难复制。"

"品牌改到中间，我们发现不对。为什么？我们发现过去用樊文花的人不认识我们是谁，过去的客户没有了、不熟悉了，新的客户又因为你是新品牌，也不来。最后发现改了名字之后，对企业发展根本没法积累价值，因此只好又倒回来，开始把'姿态美'改回'樊文花'。我们走了三年的弯路，可以说在这条路上付出了惨重的代价，基本上那三年付出了10倍。"

这个试图从改变品牌名称去开始企业转型的路径，事实被证明是个坑，并没有真正解决企业的产品和市场问题，基本上还是"新瓶装旧酒"的套路。

不成功的根本原因还在于思维局限，管理层并没有跳出原来的商业逻辑，还导致企业进入新的困境。

处理新的产品线与旧的品牌的关系，或者是新的品牌与旧的产品线的关系，是有辉煌历史的企业在整体转型升级时一定会碰到的问题。"有辉煌历史"既是优势，又可能是负担，甚至是陷阱。传统企业往往会不明不白就为此付出不必要的代价，不像全新创业的公司那样可以轻装上阵。

3. 在移动互联网时代开实体店？

樊文花选择开小店的时间是 2013 年，正是微信兴起，移动互联网蓬勃发展的时候。这个时期，几乎所有做公司的人都在想着线上有什么风口，要抓住移动互联网的机会。而且，自 2013 年起，实体店也接连出现了"关店潮"，整个行业都判断实体零售的冬天已经降临。

"不要说别人，连我老公都不理解我，我挺生气的。他觉得大家都在弄互联网，我怎么还每天想着开店，亏了怎么办？他劝我不要搞这个，太辛苦了，何必呢？"

樊文花在那个阶段累出了严重的颈椎病，如果上午说了很多话，下午就会难受得话都说不出来了，能张嘴但没有声音发出来。"我在那个时候真的是勒紧裤腰带和大家一起干，天天都很焦虑，但是我当时的决心特别大，而且有一段时间放狠话说，如果这个模式没成功，我活在世上也没有价值了！我当时的办公室在 26 楼，我曾经站在窗户边就想，如果不成功，就从那里跳下去。"

樊文花选择开店是要逼着自己绝境逢生，实在是因为她认为自己也不会干别的。

"在那个时间点最容易放弃了。我有一个朋友对我说：'如果我是樊文花的朋友，如果她也把我当朋友，我会很负责任地告诉她开店是错的！'他拐着弯其实就是要说服我不要再开店了。"

樊文花也不是完全没想过涉足互联网，她曾去北京请另一个朋友教自己怎么做互联网，可是学来学去都感觉"很别扭"。

"我觉得我只会干开店这个活，你让我干互联网，我都不知道互联网是怎么弄的，我学也学不会。我只会做我会做的，我不会做的我学不会。"

樊文花最终选择了要把体验店坚持做下去。

"我赌上我自己的未来了。2014年时，我跟薄晓波说，我们自己开100家店。那时候投资一家店就要接近20万元，最少也是15万元，100家店就是2000万元，再加上库房，亏损就是2000多万元。亏了就算我自己的，我也不打算挣钱。我的存款自己够花了，不需要再挣钱。但是我要保证大家的收入，保证市场是正常的，总部没有钱赚，也要保证店铺里能分红。"

那几年，樊文花不断把自己的积蓄拿出来，坚持开店，为了调动资金，她甚至把自己在广州的一套房卖了，投到开店这个事情上。

"我当时也有上投资的课，不少互联网公司的大佬跟我都是同学，我的行为让人家都有点看不起我，觉得我只会做我会做的。那个时候我就只会坚持。其实，人能在逆境中坚持，才是坚持。我在逆境中选择了坚持，因为我真的觉得自己做不了互联网，也做不了其他投资。"这种实实在在的性格反而让樊文花走出了逆境。

如果没有樊文花当年这种"不做不会的"的坚持，也就没有今天的樊文花国际美容集团。世事就是这么难料，当初错过的，后来还是有机会再次相遇。

樊文花面部护理体验店从0到1的过程，就这样在各种辛苦、纠结和各方质疑的眼光之中启动了。

回忆当年这个阶段的心理状态,樊文花说:"总是有不合适你的方式,那个时候很痛苦,只能反复去试。反正就是没有人支持你,你还要花钱,你还不知道能不能成,你还得不断尝试是哪一种模式。我还得去店里等客流,研究到底是什么人能路过这里。这个过程中,没有什么理论支撑,也没有什么工具,什么都没有。"

只有她心中的那份坚持的信念。

4. 重新打造转型团队之难(上)

在做着旧业务的同时,还要重新组建新业务团队,这是除了选择方向之外,另一个让樊文花痛苦的经历。"日化线⊖是一个新业务,当旧业务有天花板的时候,我自己的梦想就是要做新业务,但没有人支持。你自己想做,你就得自己干,于是我只能重新组织一个团队。"

樊文花发现这个过程就像蜕壳一样。"我本人要蜕壳,原来的组织也需要蜕壳,很难。"

"旧业务和新业务的交替能带来什么结果,一开始并没有多少人相信你。"除了未来不明确,还有很多具体的问题,特别是新旧业务之间的从团队到成本,到利益等各种复杂的关系。樊文花说,由于她本人在旧业务和新业务上精力分配的问题一开始并没有处理好,甚至导致有新团队成员因此出走。

"这个人直接对我说:'樊总,如果你不能把80%的时间放在这里,

⊖ 即面部护理连锁店,在樊文花公司内部如此称呼。

我就撤了，因为你不专注做这个事。'在当时，他提的意见是对的。"樊文花心里很清楚，但这个同事最终还是因为其他原因离开了。

在挑选核心伙伴成员的时候，因为各种原因，两三年的时间里，新业务上换过两三拨人，还都是总经理级别的人。

新旧业务的工作内容和辛苦程度差别也很大，对一线的工作体验进行简单对比就可知。

年轻妈妈张书青是太原最早期的面膜体验店富百家店的店长，她在2003年加入樊文花自营的美容院连锁店，经过专业培训后成为一名美容师。中间因为个人原因离开樊文花公司两年，樊文花转型开新店时她又回来了。她回来是因为被这个模式所打动，而樊文花和薄晓波也正需要这样的前同事加入，壮大队伍。

在筹备新店的时候，张书青的团队算上她自己仅有两个人，非常辛苦。

说起面部护理体验店的工作内容和之前美容院的区别，张书青如此描述："从几百平方米、环境优雅的美容院，一下子变成十几二十平方米的日化店（即面部护理体验店），从以前的坐着工作变成现在从早到晚地站着工作，还有营业额的差别……我一下子很不适应。"

当然，最后她还是坚持了下来。张书青伴随着樊文花的转型也实现了个人的转型成功，从一名美容师变成了一名店铺管理者和股东。像她这样的员工，在樊文花的转型团队里后来还增加了几十个、几百个。她们陆续组成了樊文花转型的第一梯队，也是忠心耿耿的冲锋队。

没别的原因，在行业危机面前，大家已经抱团成为新的命运共同体。

这里有个前提，就是大家都对樊文花非常信任和服从，只要她下命令，就都能上阵。

除了一线的店长和合伙人，更重要的还有联合创始人角色。薄晓波当仁不让地成了这个角色，她是现任副总经理，还是加入樊文花超过20年的老同事。对于樊文花企业的转型，她早就在思考摸索，是转型酝酿期的关键人物和樊文花的左右臂膀，开店最初就是她配合樊文花管理太原新店，随时热线沟通各种店铺遇到的最新情况。薄晓波1998年加入樊文花公司，当时她只有19岁，从农村进城来当保姆。最初，她负责批发销售和仓库管理，2002年转做美容院，一直在一线负责经营。她是在樊文花公司中完全改变了自己的命运。

2016年11月，总部又聘用了负责品牌营销的王国鹏出任总经理。王国鹏创过业，做过教育，在百亿级的公司负责过营销，他的出现，让樊文花如虎添翼，开店数量从此以倍数剧增。王国鹏一开始还只是负责樊文花面部护理连锁店陕西和河南区域的加盟合伙人，因为看好樊文花模式，所以主动从分公司到总公司来挑大梁。

在新团队组建的路径上，有二十几年历史的樊文花也像很多创业公司一样，一边先做着，一边搭班子。不同的阶段引进不同档位的人才。

"在转型做新业务的时候，不要试图去改变人。"樊文花这句话的意思是，不能总抱以幻想，例如幻想把从事旧业务的人改变为去做新业务。强硬地去改变旧人，最终都是不成功的，除非他自身已经发生了改变。

樊文花始终认为新团队要纯粹，对新业务的理解与行动都要一致。

"重新做新业务，即老业务转向新业务的时候，从头到手脚，整个都得换血了。这一点是非常重要的，因为你想把别人的头脑换了是很难的，头就相当于公司的高层组织。换不了就换人，下面执行的人，如果不能执行你的思想，这些作为手和脚的人也得换。"

除了理念一致，创始人还要创造良好的内部竞合的大环境。

有了上一次试验新品牌"姿态美"失败的惨痛教训，樊文花把这次开面部护理连锁店的转型定义为自己的创新试验，全部自掏腰包，承诺不挣钱也要坚持。"我相信坚持一定有结果，假使不太好我也要坚持。"这种决心和坚持，也让新旧业务团队在转型开发的投入上有了一条清晰的界限，避免了更多的议论和困惑。

饶是如此，在新旧团队内部也依然产生过一些矛盾。

"刚开始新业务是不保证有利润的，新团队中个人也没有好的收入，困难比较多。老业务至少是收入比较保险，大家在一起比较熟悉，轻松热闹，又舒服。企业内部曾经传出过一句话，说得特别难听，说是专业线养着日化线。新团队的人就怼回去说：'不用你们养，樊总养我们。'类似这样无意义的争吵真是让人烦恼……"

只要新业务与旧业务都聚集在樊文花身上，就始终存在着一定的纠结，有一天，痛苦的樊文花终于向新旧业务团队做出一个郑重的承诺，"我这个人一承诺就不改了。对于新业务，我承诺公司承担三年不挣钱的风险，至少80%的时间都放在新业务上"。

同时，樊文花另外提拔了一位资深的同事来做美容院线的总经理，这就是把自己的精力去向也明确了下来。

当一个公司要开辟新战场、做新业务时——这其实也是公司里的常态，这时候就是要"看老板的焦点在哪里"。企业核心创始人在创新项目上的态度非常重要，一定要做好取舍的战略决定；而在企业转型发展的过程中，创始人的定位和对企业的定位，也要能保持一致的方向，才会获得更广阔的未来。

"老板的焦点在哪里，你的未来就在哪里。"樊文花很肯定地表示，"再艰难也要这样做，除非你的老板不坚定。"

5. 重新打造转型团队之难（下）

时间、精力、态度都理顺了，但新旧业务仍然还是在一个公司里的，而且有些业务还会互相交叉。

抬头不见低头见，要想让大家和平共处，创始人即使在做好战略取舍之后，也仍然需要学会平衡新旧部门的人事关系。

这点也是樊文花的一个特别痛苦之处，在新旧转型的这个过程中，她也努力做到了让旧业务如常运转着，这里有很大一部分原因是对员工的关怀："我会继续留着不想离开的人，我们一起维持着原来的老市场，因为这些人还有情感寄托在樊文花美容院专业线的用户和产品、代理商合作伙伴上，我的做法就是要有那种耐心，忍着，旧业务慢慢收，新业务慢慢做。"

"这个过程是挺艰难的，这个艰难就在于不断有人离开，有各种新的不确定性。很多企业转型就是在这个过程中垮掉了，原因就是——太难了。"

樊文花用了两到三年的时间，才让所有的团队逐渐意识到大势所在。

面对各种疑问，樊文花通过对比新旧业务的经营效果，让大家由衷地理解公司对未来的决策。

"我的精力都在新业务上,新业务看上去成长很快,虽然没有什么利润,但是开店多,它在成长;老业务就停住了,你很努力了,大家也很努力了,但是店数不增长,利润也不增长,销售更不增长,反而还倒退。一个在掉,一个在涨,大家有目共睹。新业务要是不涨,二者要是平行的话,也难以服人,必须要有一个快速的增长。所以,最后还是要看到利益。"

"在这个时候,企业文化也很重要。你的那种关怀的企业文化是大家认同的,员工觉得樊总无论遇到什么情况,都不会丢下我们的。"

樊文花说:"必须要有我这样的人,把裤腿挽起来,踩到泥泞的地里,一步一个脚印地和大家一起干,才能把这个过程熬过去,不然太难了。作为创始人,就是要愿意付出,还愿意分享,而且愿意承担各个方面的责任。"

在对人的体察方面,可能是女性的原因,樊文花做得特别细致,知道新旧交替之时用人需要戒急用忍,需要有足够的时间让她们各自去消化,不能大刀阔斧地改变。

为了做好内部团队的调整工作——把旧业务的员工调到新业务的岗位上,樊文花很多时候也是苦口婆心地沟通。

例如后来负责新业务客服部的姚艳萍,之前是在旧业务的财务部工作。

"当时我想让姚艳萍到连锁店的财务部,后来又把她转到客服部,我费了很大的劲,但她不转,还哭过,说这个新业务谁知道怎么样呢?在老业务至少能发一个基本工资。后来我向她保证了很多,谈了好多次话,最后她才来到了这个新业务团队，现在是管着20多个人的客服部经理。她现在在广州买了房子，比别人分的钱还多一点。我在新业务这里有一批类似姚艳萍这样的管理新人，都是在美容院线做了至少五年以上，有的甚至做了十几年，这些人才是真正在樊文花公司牢牢扎下去的中流砥柱。"

樊文花很庆幸有这样一批老伙伴，"她们是看不见未来也愿意相信我的人，只要公司有需要，就愿意和我共同去探索"。

"在这个过程中，创始人最主要的就是找到追随者。也就是说，你要成为一个被别人追随的人，才能够做长久。你要想成为这种被追随的管理者，是要有本事的，比如说你很专业，可以帮助别人提高技术；比如说你的人品很好，很关心别人，能帮助别人成长，因为能否成长对于你的追随者来说是非常重要的。"樊文花说。

"我坚持的理由，就是要让自己和伙伴们得到行业上的认可和尊重，这个责任感支持我到今天。有些年轻的美容导师说，樊总你真的干了这么多年？我们怎么干了两年就觉得在这个行业干腻了，想换个行业干干。我的回答是，你能坚持把一个事情干好，你才是有价值的，你自然就会成为一个对别人不可或缺的人。"

恰恰是因为樊文花坚持的精神，才使很多追随者20年来始终围绕在她的身边。

6. 野蛮生长期：高速发展与初级阶段

2015年4月加入樊文花公司的总经理助理罗伦琴，刚进公司的时候恰逢连锁店开满500家，而她的一部分工作就是负责审核新店的资料。每天新增的加盟店资料都是先由分公司对接给罗伦琴，然后再由她整理后交到总部的销售部门。

在2017年以前，罗伦琴也就几天审核一家新店资料的节奏，"好的时候一天审核几家，但都不会超过10家，那时候超过10家就觉得数量好惊人。后来，慢慢地一天审核15家、20家。其实审核的工作量还是挺大的，我最多的时候一天审过二十几家的资料。现在为了让店铺得以快速增长，我每天都需要加班来把工作做完。"

山西是樊文花的发源地，体验店模式发力以来，山西成为发展最迅猛的省份。薄晓波介绍："截止到2017年12月，我们在山西总共开了611家店。期间我们没有做过任何一次招商，到2018年开始的时候，已经有接近500个来自山西、河北的加盟商主动交了钱，但还不知道往哪里开店。山西现在有1000多家店，这些交了钱的都是老的加盟商。我们没有想过速度这么快，这都是用户驱动。"

2017年一整年，樊文花开店的数量超过了2000家。

罗伦琴回忆："在王总没有来之前，公司没有所谓的开店目标，虽然也有新的开店数字，但是不够亮眼，大家也不会因为数字的增长而兴奋。王总来了以后，就感觉到开店数量开始裂变，呈现一个直线上升的趋势。"

总经理王国鹏为2017年下半年定的开店目标是800家店，最终完成的数字是782家。

这个开店目标在2018年上半年回调了一些，降为600家，但是3月份从各地报回来的加盟店需求已经达到1200家。这样一来，2018年年初的总店数已经有 2700 多家，而这一年的总目标是 4000 家，显然要完成剩下的 1300 家并不难。

对此，薄晓波的解释是这样的："当你店铺越多的时候，开店越容易。"因为基数更大了，影响力也上去了，加盟商积极性也更高了。"很多加盟商是在其原有的区域再开多一家，还有些是想发展到周边地区的空白市场。"樊文花连锁店就这样突然地、毫无预期地进入了一个高速发展期。

这个数字还在不断刷新。

2018 年 5 月 19 日至 21 日，在上海国际美博会上，樊文花用两天的时间进行了现场签约加盟活动，结果迅速就签下了 600 家。这恐怕也是整个美容行业加盟店增长的新高度！而且更为宝贵的是，此次的加盟商来自同行业的人居多。

但是樊文花的高管们心里都很清楚，越是处在这个高速发展的野蛮生长期，越需要冷静看待，樊文花企业毕竟还处在一个初级发展阶段。

薄晓波说："品牌得到高速发展，但是我们整个团队组织的成长速度、老伙伴的成长速度、新伙伴进来之后的融合程度，是否能与品牌发展共同成长，这是目前对樊文花最大的挑战。"

事情都是人做出来的。企业最核心的竞争力永远是团队。

进入 2018 年的樊文花，对公司的情况有了一个新的认识：在新业务高速发展以后，公司的主要矛盾已经转化为日益增长的连锁店数量及品牌高速发展和团队成长不平衡、不充分之间的矛盾，而不再是新业务与旧业务之间的矛盾了。

樊文花目前极其需要能和其品牌相对称的团队来支撑企业的快速

发展。

"一年之中,我自己在广州总部的时间只有短短100天的时间。我感觉到品牌跑得很快,被市场拉得很快,但是我们整个团队的认知、后台系统等好像还停留在一个较低的段位。"薄晓波说,"内部团队现在将近10000人,但只有高层的人知道品牌升级为面部护理,大部分人的认知其实还限制在卖面膜上,怎样能把面部护理品牌的变化深植到10000人的心智里,我们先要把团队打透,才能打透市场,最难的其实是这个,现在已经船大不好掉头了,我们在这方面有很大的挑战。"

现在樊文花连锁店的团队人太多了,稍微一个动作,对樊文花整个团队来说,都是一项很大的工程。

前面说了,樊文花的发展是野蛮生长式的,其中一个现象就是,一线的自我拓展能力很强,总部只能跟着跑,一边制定标准,一边落实,一边监督管理。

"由于发展速度太快,我的工作就得一手抓品质、一手抓数量,还要抓标准,抓的内容比较多。但人就这么多,工作量越来越大,精力变得有限。我现在基本是不吃不喝不睡,每天都处于高度紧张的状态,为了让自己的成长速度尽可能地跟上品牌发展速度,每天的工作都排得满满的。"薄晓波说。

薄晓波和王国鹏是樊文花面部护理体验店高速发展的两大功臣,王国鹏做战略,薄晓波做落地;王国鹏是指挥棒,薄晓波是让思想和方向变成方案落到门店。

此时,疲倦而兴奋成为所有团队成员的标准状态。这是好事,又是坏事。

二、重新定位:面部护理

"美容院也是做体验服务的,我原来还想过把体验店作为引流的入口,未来两者合并,把美容院做大。但现在做着做着把体验店做大了,美容院做得快没了。一个阶段做一个阶段的事情吧。现在战略升级了,就必须聚焦做面部护理体验店。"

"当时确定我们定位面部护理时,我自己认为,我能想明白的就是面部护理一直会有,但在这个过程中,它的方法上肯定会有变化。比如说减肥,减肥永远会有需求,但是减肥的方式一定会变。我们现在的东西在以后一定也会被其他什么方式替代掉,但面部护理这个需求一定还会在。"

——樊文花(樊文花国际美容集团创始人、董事长)

"以前,我们的定位是美白面膜连锁店,做了新的面部护理战略定位之后,把自己过去成功的东西否决了。我们不再说自己是'美白'了,也不说我们只卖面膜了,我们的定位变成'面部护理'了。这次新的定位终于让我们在经历了几次九死一生后活了过来。"

——薄晓波(樊文花国际美容集团副总经理)

1. 樊文花的选择和她的护城河

牢牢锁定"面部护理",这个本是美容院服务内容里利润占比最小的项目,却让樊文花重新找到了生机。

其实,樊文花最终做出这个定位,背后也是经历了很多的纠结。不过有一点可以肯定的是,樊文花凭借在美容院产业拼搏了多年的经验和直觉,执着地排除了各种诱惑,坚持了下来。

樊文花确实面临过很多选择,以她们在业界的基础,完全可以转做医学美容、微整形,也可以转做微商,在微信里狂卖面膜……这些都是利润很大,可以赚"快钱"的方向。

"我后来为什么选择做面部护理呢?当时在美业内流行着一种心态,都认为'做脸的已经没有机会了'。公司内外都认为我们是做膏霜的,电商微商来了肯定就直接被冲击了,我们这种传统美容院产品都没有机会了。但是我就不服气,你说我没有机会了,那我还觉得我机会很多呢!"

樊文花不只是开面部护理体验店的，它还有自己的研发机构和工厂。这个是樊文花的底气所在。

"我们是卖膏霜的，所谓膏霜就是面部护肤产品。当整个大的美容市场都不好的时候，这个不怎么赚钱的类别基本也被大家忽略或遗忘了。但我一直没放弃，因为我自己开的店我很清楚，做面部护理肯定有市场。"

2007年开始，樊文花就把脸部的膏霜产品单独拿出来做。例如，樊文花当时对加盟商有一个要求，必须70%用樊文花的产品，其中又以膏霜产品为主。借助这个经销渠道，樊文花逼着自己研制出了自己的品牌产品，所有产品中面膜类产品最是完善。但是这样做利润太低，并没有赚到什么钱，只是在勉强坚持。

不管怎样，经验和实力都磨炼出来了。当再一次面临来自互联网的新冲击时，樊文花发现在如此绝境下，自己最有底气的就是自己的面部护理业务线。

"让我最终选择面部护理的核心是：第一，我入行学习美容就是从面部开始的，这个我太擅长了；第二，我的生产车间里有好多台机器是做面膜的，我自己能干这个。"

"记得王总曾说，我的'基因'就是做面部护理。其实我一听还不太愿意，我就想着我们工厂要多卖货。"

虽然面部护理在美容院的利润占比中是最小的，但随着微商的兴起，在2013年开始面部护理却成为国内化妆品行业最具增长潜力的品类。当年，面膜占护肤化妆品市场总额的19.1%，成为风头正劲的新秀。

2013年的时候,也有微商找上门来要和樊文花合作。"他们那种感觉就像认为我们这个行业在'抢钱'一样,他们说能为我们挣多少多少钱,但经过一轮轮谈判,我一直不松口。人家都说我这个人是不是老糊涂了,我说你才老糊涂了,反正我们就不合作。我觉得他们在线上卖的产品太便宜,我们线下的产品该定价多少就定价多少。我们要有自己的定价权,即使是同样的品牌。假设我们和微商的合作能做起来,我们也并没有利润。这件事情在那个时候挺打击我的,而后这条路就再也不想了,我就想着要开店。"

樊文花也尝试了风口上的微商。"2014年的时候,我交给北京一家软件开发公司几十万元,到现在那个软件还在趴着,上网一搜就能搜到,叫'樊文花美丽到家',那是我注册的。"但是樊文花确实不会做互联网,也幸好不会做。更庆幸的是,樊文花锁定了自己要做什么。

如果没有长期在行业内拼搏过的笃定,没有"坚持自己"的坚强内心,没有对一线市场的深刻认识,樊文花很可能就在任何一次的试水中走进死路。

这其中的诱惑和危机实在太大了,很多企业都因此把控不住而宣告失败。

我们通常都认为一个企业在其行业里盘踞多年,肯定有它的实力,能够抵抗外界的侵蚀。事实上,越是大的企业,在新的冲击面前,往往越是显得很脆弱,产品可能积压,工厂工人可能成为负担。大而不当的企业往往负重前行,新的敌人却会在你看不到的地方发起致命的进攻。这些年来,我们也确实见到过太多大企业一夜之间轰然倒塌,所以并没有永远的行业壁垒,也没有护城河。

樊文花的3000家加盟商、樊文花在广州的化妆品工厂、樊文花的上万名面部护理师、樊文花拿到的各种产品专利、特许资质证书……也许都是樊文花的护城河。恰恰是因为这些，樊文花才感到更大的忧虑，才思考着要转型升级，要重新走出一条新路。

所谓的护城河、行业壁垒，在樊文花这里，更像是一条来自心理的护城河：做生不如做熟，坚持做自己有把握的事情。这就是樊文花的护城河。

也可以说是"固执"。樊文花的女儿在国外读工商管理专业，在一次访谈中，女儿对妈妈的评价就是这两个字。在采写本书的时候，樊文花也是多次固执地强调："我只会做我能力所及的那部分。"竞争对手要想跨越樊文花这个信念，也得在行业中有更高的修行才可以。

只做自己会做的，坚持守住这条。这是否也正是樊文花企业转型升级的出发点，以及最后要到达的终点呢？

转型升级，归根结底还是由每个企业创始人的基因决定的。

"我觉得一件事情的定位很重要，即你要围绕着什么来做。当我开工厂的时候，我推翻了我过去的东西，也就是说，我以前是卖服务的，但现在彻底地选择了开办工厂和美容院的模式，当时我也可以只选择开美容院而不开工厂。"樊文花说。

"这个时候就是要有战略取舍。我其实后来两个都同时做了，到今天就又面临新的取舍了。做快餐的有做快餐的活法，卖鲍鱼的有卖鲍鱼的活法，肯定有差异的。无论是面临天花板，还是面临转型看到的机会，这些都取决于创始人的定位，取决于公司的定位，取决于团队的基因。"

"我开面部护理体验店是为了我的工厂。我有工厂，我要卖我的产品，为了让大家买我的产品时体验感更强，我就推翻了过去收费做服务的模式，服务不收费了，我也不挣服务的钱，这就是我的定位。"

关于护城河，还有另一个细节补充。

如今，樊文花的每一片面膜在出厂前都要经过35道工序和67项检验、检测，以确保产品的品质。对品质的高要求是樊文花在模式走通之后，得以高速发展的基础。

2015年6月30日起，国家食品药品监督管理总局要求特殊化妆品须持证上岗，美白面膜作为特殊化妆品的重要品类，也在此要求之列。而樊文花做到了未雨绸缪，早在2013年就已提前向国家申请，现已获得14个特殊化妆品经营许可证，是国内美白面膜品类中特许证较多的品牌，也是较早获得特许证的少数品牌之一。

普通的日化企业，获得一个特许证平均需要花3年时间。获得一个特许证，需要两个必不可少的条件：必须投入大量的人力物力进行研发；必须经过检测，通过国家食品药品监督管理总局的审核，确保安全且备案。

由此可见樊文花在产品上投入的力度，这也是樊文花在面部护理领域自己给自己建起来的一条产品上的"护城河"。

"这是根基。产品不好，我们一定没有活路。"薄晓波说，"我认为做面部护理能有今天的成就，离不开前面25年的积淀。25年里，樊总曾经开发和生产过2000多个品类，她是个产品研发的专家。现在面部护理店里 120 多个 SKU，其实都不是凭空创新的，基本上是把我们在美容院卖得最好的产品优化出来，然后放到体验店里成为畅销品。这都是因为前面有积累，后面才能快起来。"

2. 从分肤美白到面部护理

2018 年 4 月，樊文花对全国连锁店的店面装饰又做了一次视觉与功能升级，店面主标语更换为"专注面部护理 30 年"。

在没有定位于"面部护理"之前，还是以面膜为产品和品牌逻辑的时期，"美白"一度成为樊文花的品牌核心词汇，当时的广告语是"原液面膜樊文花，分肤美白无添加！"品牌愿景则是："成为亚洲本草美白原液面膜第一品牌。"

"美白"两个字，是从用户内心需求出发的，大多数的亚洲女性都追求皮肤嫩白。1993 年，樊文花在公司内部成立了产品研发中心，团队就专攻让肌肤无瑕亮白的方法。2013 年樊文花开的第一家体验店，全称就叫"本草美白原液面膜体验店"，他们把美白细分出了 10 种类型；可以说，"美白"这个定位和说法非常直白，不难理解。

在此倒是想重点讲讲"分肤"。应该说，"分肤"完全是樊文花智慧的一大创造，无论是对用户的需求，还是产品的研发，又或是对市场的精细化定位，以及最重要的现场用户体验及服务效率，"分肤"都起着非常关键的作用。在思考产品和服务的转型升级时，樊文花创造性地提出了分肤的概念，展现了她对市场和服务需求的高度敏感，为后来"面部护理"的全新定位打好了基础。

主打"分肤"概念的樊文花面膜出现在市场后，几年内也经过了好几次的更新迭代。分肤，是樊文花根据过往美容院数以万计的临床经验，将女性脸部的肌肤问题提炼成 10 种，针对性地研发出不同的植物原液面膜来解决美白问题。

最早是用"1 号"到"10 号"来标识面膜的，光是对美白的区分就有 10 种不同的效果。分别如下：

1 号面膜"仙人掌水盈白"面膜，针对水分不足，细胞不充盈的肌肤。

2 号面膜"杏仁润白"面膜，针对因气候引起的皮肤干燥，油脂分泌偏少的肌肤。

3 号面膜"红景天净白"面膜，针对天生油脂分泌旺盛，皮肤偏黑的肌肤。

4 号面膜"蝴蝶兰嫩白"面膜，针对色素不均、暗黄，晒后有轻微色素沉着的肌肤。

5 号面膜"天山雪菊修复白"面膜，针对先天角质层偏薄，或由气候造成的角质层偏薄的肌肤。

6 号面膜"西藏红花亮白"面膜，针对暗黄、无光泽的肌肤。

7 号面膜"人参年轻白"面膜，针对松弛，有细纹的肌肤。

8 号面膜"三花悦白"面膜，针对 T 区油、两颊干的混合性肌肤。

9 号面膜"金缕梅细白"面膜，针对毛孔粗大或粗糙的肌肤。

10 号面膜"甘草舒护白"面膜，针对敏感、抵抗力差的肌肤。

"这 10 种肌肤类型是由樊文花定义的。其实肌肤分为一万种，每一个人都不一样，但是我们把它归纳为 10 种。事实上，我们把面部的服务市场给变大了。"樊文花说。

为什么说"分肤"在重新定位"面部护理"上起着奠定基础的作用呢？从上面的描述就可以看出，如果没有细分出不同的肌肤问题，在提供护理和产品的时候，就不能体现出专业的解决方案，也就没法触及用户在脸部肌肤的痛点。

在面部护理体验店，工作人员通过派发面膜与客人首次接触，是从脸部的肌肤问题开始聊起来的。樊文花的面膜不是普通保养型的面膜，而是针对不同肌肤特质的人有针对性效果的特制面膜，这个产品形象也因此得以树立起来。

在樊文花提出分肤的概念之前，市场上的面膜产品都只提供笼统的、粗放的解决方案，大概就分三四类，例如油性干性等，并没有如此精细的划分。

"而且，我们不是根据肌肤的特质来分的，而是根据肌肤的问题来分的，我们的逻辑跟之前的分类完全不一样。"

"我们开发产品的时候，除了有个体差异，还有地域环境的差异和气候差异。我们现在分出十种肌肤，就把南北环境差异都解决了。比如，海南和广州就少用2号面膜；在西北地区，如果光用1号是不行的，还要加2号。"

由于对肌肤的不同问题提出了具有针对性的解决方案，樊文花也因此对不同地域、不同年龄、不同职业的女性的脸部肌肤问题有所了解，再综合市场的销售情况和会员资料，我们便逐步掌握了类似大数据的信息，从而也能够更好地改进产品。

樊文花美白面膜不断升级迭代，至今已经超过 10 代。以 2016 年 9 月在北京钓鱼台国宾馆举办的"樊文花焕新升级发布会"上的主打产品"4 号嫩白面膜"为例，这款面膜的核心原液成分就实现了由单方向复方的跨越式升级。

这里不妨全段引述 4 号面膜产品的配方及功能说明："其组方源自于中医美白经典名方"玉容散"，以蝴蝶兰、白芷、白蔹、白术为主药材，按'君臣佐使'原则科学配伍，促进皮肤微循环，抑制酪氨酸酶活性，美白、嫩肤，相互补益，平衡调养，令透红美白自然绽放。可谓古方今用，创新经典。"

4 号面膜在上市前已经经过超过 1000 例用户效果验证，证实对色素沉着、暗斑、面色暗黄具有真实可靠的改善效果。

3. 自成一派的"樊氏手法"

在樊文花的公司沿革史展示墙上，有一张摄于 1988 年的照片，照片上可以看到创业不久的樊文花正在给客人做面部护理。至今 30 年过去，樊文花虽然已经是管理几千名员工的董事长了，也依然会挤出一定的时间，坚持在一线给客人做面部护理。

2018 年 4 月 21 日，是樊文花公司又一个载入史册的重要日子。这一天，在山西太原的红灯笼体育场，樊文花创下了一个同时为 3000 人做面部护理的吉尼斯世界纪录。

当地媒体如此描述这个罕见的现场盛况："当天下午两点，挑战正式开始。3000 名从全国各地赶来的樊文花新老顾客，有序地走进由3000名护理师和3000张美容躺椅组成的矩形方阵,接受专属面部护理。洁面、原液按摩、敷面膜、润肤……动作整齐划一,场面蔚为壮观。"

"经过吉尼斯世界纪录认证官罗琼的严谨审核,最终宣布樊文花挑战成功,一个新的吉尼斯世界纪录称号正式诞生。山西省美容美发化妆品协会会长史先锋女士现场表示,作为全国标杆品牌,樊文花以30年专业化和标准化的姿态,问鼎'最多人接受面部护理'吉尼斯世界纪录称号,让更多人树立起对中国面部护理连锁品牌的信心,将引领面部护理新潮流。"

"我们希望借举行吉尼斯挑战活动为契机,唤起女性朋友们对专业面部护理的关注,呼吁选择更科学、更有效的面部护理方式。"樊文花在接受媒体时说。

这次也是对"樊氏手法"的一起集中完美展演。

从1988年创业开始,樊文花本人亲自摸索出来的这套面部护理手法,经过几十年的实践和不断改进,已经越来越成熟,并且成为业界经典手法,成为很多面部护理师入门必学的技能。这个手法影响了国内很多美容从业人员,这也是樊文花成为美容业师母级人物的原因。

樊文花本人出身于中医世家,从小便耳濡目染了许多中医文化,从每种花草的作用,到行医者"学医在恒,行医在精,心中有仁,头顶有信"的理念,这些都让樊文花在做美容服务时拥有与别人不同的思考方式。除了自己研发产品来解决脸部问题外,还将中医的按摩穴道手法用以辅助,这就是创造"樊氏手法"的背景。

樊文花回忆说:"全国有太多的美容院都是在用我的'樊氏手法',

这个一点都不夸张。当年在研发手法时，我牵头把我们十多个美容师、店长关在一起，几天都不干什么，就研究手法。把每一个步骤都用相机拍下来琢磨，每一个步骤都去感受到底舒不舒服……这都是因为，当时我们卖给全国美容院的产品，是要附带送上手法这种技术服务来加分的。"

樊文花标准部门负责人江小燕入职以来的工作就是继续从一线收集意见，例如面部护理师从顾客那里得到的反馈，加以分析总结，再将"樊氏手法"进一步优化，以便在实施中提高效率，也更易于伙伴学习。

"'樊氏手法'有它比较特别的地方，首先是零售业里比较少有的兼具展示性和有效性的手法，同时也是服务的内容。'樊氏手法'对于面部穴位的精准按摩，能让产品更好地发挥作用；其次就是'樊氏手法'是站在用户的角度去让用户体验到什么是有效的、舒适的美容手法，我们因此得到了与用户进行亲密交流的机会；第三，'樊氏手法'在面部护理的服务时间得到保证的前提下又做到了更便捷，最多45分钟。比起动辄一两个小时的美容服务来，更容易让忙碌的现代都市人接受。"

"现在的'樊氏手法'有三个标准，第一个就是免费护理，主要是面部护理和贴面膜，规定的时间是大概30分钟；第二个是深度护理，针对肌肤问题密集护理，时间大概是45分钟；第三个是特级护理，这个护理的名称还没有更好的表述方式。深度护理是通过手来帮助按摩和导入，特级护理还会使用到工具，例如拨筋棒、刮痧板等小工具，通过工具和手法来进行密集护理和功能护理，时间会在60分钟左右。整体上的美容时间会压缩到一半以上，满足忙碌又想做美容护理的职业女性的需要。"

樊文花门店的面部护理分三种：第一种是极致 30 分钟的护理，主要是敷面膜；第二种是密集护理，时间是 45 分钟；第三种是功能护理，这种护理会结合拨筋棒和"樊氏手法"，时间是 60 分钟。

江小燕还需要负责设计面向全国 3000 家连锁店的面部护理师传授"樊氏手法"的方法。我们一直在探索"怎么让我们的伙伴学得更快、更好。手法确实很好，但是要达到标准也是有难度的，全国那么多店、那么多人，不容易复制的。"

"樊氏手法"可以说是樊文花面部护理体验店的重要元素，与产品、空间三位一体，都是"樊文花模式"体验服务的王牌。

在樊文花的面膜产品里，都自带大概 2 毫升的按摩护理液，这是樊文花面膜独有的标配，正体现了手法按摩的不可或缺。其他的面膜产品大多是直接敷在脸上，并没有按摩这个环节。

面部护理体验店是由出身美容院的美容导师在一线经营的，一开始是想着走日化线，以产品零售为主，提供免费试用服务。但在实践中大家发现，自身专业的"樊氏手法"反而起到了卖点的作用，于是就形成了现在的"樊文花模式"。

手法是无形资产部分，樊文花注意到了其新的价值，并且加以重视、强化优化，使之成为自己闯入注重体验服务的"新零售"业态的利器。

4. 简单设计思维下的创新场景

虽然对肌肤的问题细分出了 10 种，也对应研发了 10 种面膜，看似复杂，但从方法上来说，樊文花其实是从复杂设计转变到了简单设计。

二、重新定位：面部护理

"以前是把美容院线的整套系统往复杂里去设计，而现在的连锁体验店是往简单里设计，两个方向是反的，但最终还是让我们的一线伙伴有一个面向用户的解决方案。"由此看来，樊文花本人就是负责给出解决方案的总架构师。

美容院线开发的逻辑是必须复杂化，"复杂才让用户感觉到有品位、有价值感，价格才可以提升"。

"但我想明白一个道理，美容院那种复杂的业态是不能长久的。我想未来的消费应该是天然的、没有伤害的，而且是物美价廉的。"

在面部护理体验店里，服务的核心就是免费的面部护理。对于一个在一线工作的伙伴来说，工作流程很简单，她只需要专心做好两个事情：在外面派发免费面膜，在店内做好免费的面部护理。

而这两件事情都是简单照做就可以，门槛很低，只要态度好、肯吃苦，就能胜任。销售业务的转化在于用户对产品的认可，以及满意的体验。

这个是大的设计，小的设计则在于免费面膜如何技术性地实现派发，送到目标受众和进店客人的手里，如何在服务流程上给客人带去舒服享受的感觉。只要方法得当，就都容易做好，最后就剩下产品效果如何了。

必须指出，樊文花的这一切设计都是基于对自己研发的产品充满自信。这点非常的关键，可以说是核心问题。产品为王，如果产品不好，再怎么免费也没有用。服务再贴心，如果产品体验不好，也是功亏一篑。

关于产品和服务之间的关系，樊文花自己有一个"鸡蛋理论"。"体验店本来是为了解决工厂的问题，目的是想卖产品的。但在发展过程中，大家发现顾客来樊文花是冲着面部护理来的，我们就推翻了过去收费做服务的模式，服务不收费了。未来，我们强化的是服务，但产品还是核心。就像早餐吃的煎鸡蛋，蛋清包住蛋黄，蛋黄是产品，蛋清是服务。整个看起来，就是我们帮助用户找出了针对面部皮肤问题的解决方案，但用户使用的产品是解决方案的核心，是蛋黄，没有露在外面。"

相对于美容院的业务来说，面部护理体验店的工作目标简化了许多。通过大量实践总结出来的 10 种肌肤问题对应的 10 种面膜，足够一线的工作人员应对面部皮肤方面的各种基本问题。对于一个体验店来说，把服务和产品如此巧妙地对应起来，不是那么容易就能找到契合点的。

举例来说，在美发店，如果你在洗发或理发的过程中，听到工作人员在向你推销产品，多半会觉得很别扭，因为你是来做头发的，并不是来买美发产品的，所以一般在这种场合，推销的都是美发套餐或年卡；又如在美甲店，如果美甲师向你推销指甲油，你也会觉得不是当下的需求，你是来做指甲的，并不是要在这个场景下购买指甲油。

美容院的服务场景与上述类似，美容师会游说顾客做更多的项目，办年卡，而劝买美容产品则显得不那么应景。

樊文花面部护理体验店的体验和销售场景则完全绕开了以上的尴尬。这样的简单设计思维，最显著的效果，就是让一线的工作人员能够非常纯粹地做好自己负责的那部分工作，从而也就能把手上的活干到最好，不会带着情绪或其他目的。

这个简单设计，自然也给管理带来了更多的便利，能够更好地进行目标管理。

所以，重新定位，带来全新的工作思维，才是最重要的。

5. 美容界的"星巴克""海底捞""小米"

转型升级带来的重新定位给樊文花带来了更广阔的视野，樊文花在传统美容业也因此成了说不清的"异类"，因为跨界得无法归类了，也成为一个从三四线城市野蛮生长起来的"新物种"。

薄晓波就此如是说："我们真的说不清楚，就像马云说的新零售一样。我们是有三个导向：一是消费者需求导向，二是竞争迫使我们转型，三是我们的基因决定我们应该做什么。这三者把我们逼到了路口。"

"樊文花的目标是做中国面部护理的领导者，樊文花的产品是以分肤护理为差异化的市场定位，以服务营销为竞争力的模式定位。也就是说，我们是日化界的美容院，美容院的日化线，是以满足年轻时尚的白领人士和爱美女士的快捷美容需求为目的的独特定位"。王国鹏说。

由于樊文花跑得太快，他们在向还停留在过去的同行解释自己时，得使用各种对照和比喻的形式才能说得清楚。

樊文花也有自己的学习对象，但不是在美容业内，都是在行业外。

"因为三十分钟的极致体验，我们要把服务营销做成美容界的海底捞；因为专业的数据库和私人定制的社群管理，我们要把粉丝经济做成美容界的小米。这些得天独厚的先天条件都给我们带来了强大的市场竞争壁垒和顾客黏性。再加上我们是以商超的顾客及住在周围的居民为核心人群，所以只要我们把每天见面的邻居们服务好，就会有源源不断的客源。"

在王国鹏眼里，在樊文花公司只要专注地做好了以上的要求，一家店做到 200 万元的年销售额是没有问题的，完全可以像实体经济的榜样星巴克和海底捞那样客源滚滚。

樊文花自己家附近的星巴克也是研究了很久，她经常会坐在星巴克里观察服务细节。樊文花关注的实体经济品牌还有宜家和优衣库，以一个消费者的角度去体验这些世界一流品牌提供的产品和服务。

"我经常去优衣库。有一天，我发现像我这种消费观念成熟的人，到店铺选好商品我就可以走了，但我们家的阿姨在优衣库买衣服的时候会怀疑品质，除非有一个人告诉她质量是好的，买了没错。"

樊文花因此反思到自己的品牌，"我们是做皮肤的解决方案的，大多数人对自己的皮肤都是不懂的，那么我们就要认真布置一个场景来告诉用户，用 30 分钟来说明你的皮肤问题是什么。在这个过程中，我们的人一定要专业，所以，能带给用户信任感的一线服务就成为我们的竞争优势"。

"我家住在广州宜家隔壁的小区 12 年了，我没什么事的时候就喜欢去逛逛宜家。我是一个喜欢到各种功能区去体验的人，还喜欢宜家的创意，特别是里面带有艺术感的。就像我喜欢化妆一样，我就是喜欢那种美的东西。我在宜家学习到很多，可以说，樊文花体验店的整体风格、色彩和功能，都是我多年积累下来的想法的融合。"

在抓产品研发和探索商业模式的同时，樊文花还一直在同步考虑如何让产品和服务都具有"艺术感"。"我对未来的判断是，以后的消费过程都是要美的。我们要把一个有技术、有功能的东西转化成为'艺术'。从产品的配方开始就要艺术化，包装设计、用户体验过程都要有艺术感。产品造型、手法动作，面部护理师坐在那里的样子都要艺术化。"可以说，艺术化是樊文花对面部护理体验店的新要求。

"其实我这么多年来一直在努力做这件事——服务艺术化和产品艺术化。但是在执行的过程中，我们有的店为了赚钱而把这些简化了。"樊文花曾经为这个情况还生气得哭过一次。

"我一直在追求更高的品质，我对美感是有要求的。可能有人认为在穷的时候没有办法去要求，可在2013年的时候，以樊文花当时的经济条件就已经要求开店要追求美感了。我把店铺开到商场里，我就是要和香奈儿一样的，我希望企业要有灵魂，就像香奈儿一样。"

樊文花一直在追求的"艺术化"，在体验店空间升级之后，也都开始逐渐地贯彻下来，也许不用一两年的时间，我们会在一线城市，看到一个让所有人刮目相看的全新而时尚的樊文花面部护理体验店。

体验式零售

三、把免费做到极致

"免费派发的道理如同播种，用农业的思维来理解樊文花派发面膜的模式，就是只问耕耘，不问收获。你只管不停地、认真地、专注地去派，坚持到两个月以后，你会发现不仅是顾客渐渐变多了，你自己也会变得更加自信而强大。

"你只管认真，顾客会负责业绩！"

"真的，我觉得樊文花最大的特点是做到了绝对的免费。别人提供免费是为了消费，我们免费就是免费。面膜售后永远给你做护理，永远做免费，只要你上门来做。"

——王国鹏（樊文花国际美容集团营销中心总经理）

1. 每次免费派发，都是一次连接

免费派发面膜，对于樊文花面部护理体验店而言，是能增加客户量的突破口。

樊文花公司内部有这么一句话："如果有一天，樊文花的模式里没有免费派发面膜这件事了，直接关门！"总经理王国鹏更是要求，每月每店的面膜派发量无论如何都不能低于1000片，开业前三个月则要翻倍。

当高度认识到了免费派发对于线下体验店落地及拓展的重要性之后，樊文花团队也真正做到了把"免费派发"当成一门技术加以研究。

在团队内部，每次开经营方面的会议，如何做好派发都是花时间颇多且必须要讨论的主要课题。

而如何让全体线下团队把看似简单的派发工作都能做到位，都能做到公司所要求的高标准化，则是管理层每天都想着要做好的事情。在总结问题时，王国鹏这样说："樊文花店铺最日常的工作就是派发面膜，但对于这个动作，100个人有100种解读。如果大家一致认同派发面膜对于樊文花而言,就像吃饭睡觉一样不可或缺,就像递名片一样必须不断地和不同的顾客进行连接,那么全国的面膜派发就不会变得如此困难且千差万别了。"

注意,王国鹏在此用到了"连接"两个字,这本是互联网常用的词汇,这说明,在传统企业樊文花这里,管理层已经不再是把面膜派发当成一次简单的广告传播了,而是视为一次与目标客户面对面的接触,一次可能发生连接的机会。这样的互联网用户拓展思维,在并没有互联网基因的樊文花团队中竟无心插柳地引发了共鸣。

我们知道,所有移动互联网产品都必须要投入重金来做线上用户转化,琢磨他们使用手机的习惯、心理,并要分析促成用户每一次点击背后的原因,再将 N 次的点击转化成一次交易或一次应用,为此还要为每位用户准备上百元甚至几百元的补贴。樊文花团队只不过是把这种线上营销常见的方式,在线下进行了实践,并且对过程进行了精心的设计和研究,而且还做到了低成本、高转化的效果。

互联网思维一旦转换出来,看似简单重复的派发面膜工作,就立刻不一样了。而且同样是派发面膜,与微商在朋友圈中的免费派发也不一样。樊文花的免费派发都是直接引导客户到实体店铺体验,最终客户还将享受到 30 分钟的面部护理服务,这对于留存每一位新客户更加直接有效,或者说,成功概率更高。

数据表明,现在樊文花派发面膜的转化率已经可以做到千分之三十,即每派发 1000 张面膜,大概会有 30 位新客户到店,而到店的新用户的消费转化率又达到 50%。这样算来,平均每 1000 张面膜会带来 15 位平均购买产品 2000 元以上的新客户。

而免费派发面膜更是帮助河北唐山的经理段一琳打开了一个完全陌生的市场。"第一家店铺远洋城店刚在唐山开业时，没有人认识樊文花品牌，店铺伙伴也是全新的，除了正常的 7 天培训外，都毫无经验，所以主要工作就是派发，随时随地、无处不在地派发！"这样的开拓模式已成为所有新店的通例——新店伊始，对于每一个开店者来说，免费派发就是最有效的灵丹妙药和最坚强的心理支柱。

所以，当再次理解派发对于"樊文花模式"的重要性时，可以用樊文花伙伴们自己的一句话来讲：在樊文花工作的每一天，不是在派发，就是在做体验（售后），这意味着派发已经几乎占到了店铺日常工作的一半了。

你会发现，樊文花的每一名成员或加盟伙伴，都会随时带着面膜，聚会、吃饭、坐车、逛街……随时随地都可以派发。上班时，他们会留出专门的时间到周边派发；下班后，面膜就放在她们的手提包、车尾箱里。在公司上上下下形成的企业文化的互相影响下，全国伙伴们在心态上还把"免费派发面膜"等同于"爱的传递"，具有无比的热情，不会当作羞于启齿的苦差事。

樊文花每到一个新的城市，每开一家新的店铺，免费派发面膜都被作为进入当地的敲门砖。由于面膜以及与面膜密切关联的面部护理都是直接呈现自己品牌和服务的产品，两者完美结合，根本不用拐弯抹角，因此这样的免费派发比起其他一些还需要另外拿出预算来做派发礼品的企业而言，樊文花基本是一点都不亏。

如此接地气的免费派发的互联网用户拓展思维，加上自己研发、自己生产的成本可控且见效快速的面膜产品，以及简单、坚持、上下一致的执行力，共同构成了樊文花面部护理体验店独具特色的开疆拓土的利器组合。

2. 有效派发5部曲

在樊文花面部护理体验店还只有1800家门店的时候，总经理王国鹏就畅想过："如果全国1800家门店的5000多名伙伴都能够整齐划一地用一个标准去派发面膜，用一个话术去和顾客沟通，那么樊文花在顾客和市场以及社会中间形成的影响力就是完全不可估量的！"

这个畅想其实要做成是不容易的，第一个难点就是派发流程的标准如何制定，第二个难点则是标准如何在全国各地贯彻执行……这些都要自己摸索。

派发，需要做出标准来，才能形成效力。

如上图，这是樊文花团队研究出来的派发面膜的5个步骤。

为了让每个伙伴都能快速掌握派发的每个环节，团队用最精炼的5个字来描述派发面膜的流程：1. 迎；2. 赠；3. 荐；4. 引；5. 留，并且用图片将之形象地表现了出来。

樊文花团队在通常很容易被忽略的"派发"这个动作上，做出了精细化的分解，并设计出了专门的课程来进行教学，并在教学的过程中，不断强调要反复练习，让伙伴们从心理上到动作上都达到公司的标准。

在樊文花公司内部制定的《体验店标准手册》2014年版本里，公司设计了派发面膜的几种对话场景，模拟了用户互动的各种可能性。手册里对应有不同的话术，每名店长、店员都必须熟读并练习，要求能做到缓慢、亲切地自然表达出来。

"就如同广播体操，一开始做的时候动作肯定不标准，但按照要求做多了、熟练了，就形成了标准。这个过程中的严格要求很重要，一开始的步骤和流程就不能走样，一旦形成不好的动作行为，改起来就非常困难。在做出标准的过程中，一不能怕麻烦，二不能随便发挥创造。同时在这个过程中，重要的成果不在于有了具体的业绩回报，而在于做出了高质量的标准，要通过不断的训练和分享，以及增强竞争意识来形成一个好的学习氛围和竞争状态。这样一来，标准的塑造就会深入人心，从而激发大家的工作积极性和自豪感。"

这就是樊文花团队对于"把做到的事情做出标准"的理解。

把事情做好只是基本要求，自我挑战是要制定出标准，并且要让全国超过1万名的员工和伙伴在认知和行动中统一步伐。

"派发面膜5部曲，一定要去认真体验和行动，做过之后的感受和没做是完全不同的。至于有多么不同，做了才知道。"樊文花已经有超过1万多名伙伴，不一定个个都能理解派发的重要性。

"这个环节大家不愿做有两种情况：一种情况是不屑于做的傲慢，另一种情况是不敢去做、害怕失败的心理。"王国鹏说，"这些如果没有管理动作的推动，一定有超过一半以上的人是不会采取行动的。"

当派发已经成为全体的共识，也已经研究出具体的操作方法之后，再同时导入目标管理，关于派发的所有工作至此才算部署完整。

3. 免费也要有目标管理

樊文花福建分公司总经理张振江，在开完总部的"极致目标"管理会议之后，立刻让福建的 7 家店铺每家店都订了 10000 片面膜用于免费派发，下面的各级团队又把目标再分解成每一个月、每一周、每一天、每一个小时的行动步骤，然后在工作群里每天比赛、晒单，从此福建各店的业绩开始不断刷新，从而带动了整个市场的竞争热情。

"成果和成长是需要坚持一段时间才能产生的。许多店铺一开始也派面膜，但连续派一周或两周，一看似乎没有什么成效，就开始怀疑，打退堂鼓了，最后放弃了这个能快速打开市场局面的重要法宝，最后不仅输了生意，也输了斗志。"王国鹏对团队说，"失败只有一种，就是半途而废。"

目标管理就是要刺激出成功的结果，并且能够将其巩固下来。

樊文花运营总部发起的"极致目标"固然是以单店业绩实现突破为工作重点，启动起来却也是首先从派发面膜开始。

派发面膜即便是免费送出的行为，也可对后台形成数据化管理和团队激励。这是因为从不同分店不同时段派发出去的每一片面膜，以及派

三、把免费做到极致

发之后所带来的转化结果,都是可以观察和考核的参考分析数据。

关于派发面膜给业绩带来的结果,来自一线伙伴的案例示范更有说服力。

杭州龙湖天街店店长郭蒙蒙讲了她自己派发面膜的经历和相关数据。2016年9月16日至18日,郭蒙蒙在商场的中庭位置做了第一次集中派发面膜的市场活动,派发2000片面膜,引流新用户体验70人,成交45人,新客业绩2.9万元;总结经验后,同年的12月12日,即"双十二",继续在商场中庭举办免费派发活动,连续3天,最后达成了6.1万元的销售额。"当时新客成交51人,新客业绩3.3万元,确保我们在12月超额完成了任务!"郭蒙蒙12月的目标是13万元,最终达成15万元。

免费派发和免费服务都涉及公司成本、资源和人力分配,如果没有实现转化,没有与营收关联起来,就会造成财力、人力和心力上的消耗,不但造成实际损失,也会给团队的状态带来负面影响,觉得做事情没有意义,缺乏前进的方向。所以,目标管理就是很好的办法,通过测算免费派发和免费服务所带来的收入转化,来形成内部竞争关系,如此,看似纯粹的免费付出最后也变成了可以创收,团队的工作动力因此得到保持和刺激。

做免费,在樊文花这里,早就不是初级的品牌推广行为了,也不是试用一下产品那么简单,它已经成为运营模式的一个主要内容,与商业目标牢牢地关联了起来。

4. 免费的极致30分钟

樊文花的免费政策实际上是为每位到店的新客户提供了两项免费的内容：第一项是免费面膜1片，第二项是免费进行面部护理30分钟。

前面说到免费派发负责引流，那么，免费进行面部护理30分钟——樊文花给这个环节命名为"极致30分"——则负责转化和留存客户。当一名客户都愿意花30分钟接受你的服务时，是否说明用户已经基本打开了她的心扉？这是樊文花模式中设计免费面部护理环节的逻辑。

而且这并不是普通的30分钟，樊文花对这30分钟提出了高标准的要求，并且反复训练一线的团队。所谓极致，有两层意思：一个是对外的，即让顾客享受到最好的服务和产品；一个是对内的，即要求每名面部护理师都能够严格地执行好每一个动作。

"这个过程既要体现一个面部护理师的职业修养，又要体现出专业精神，服务和专业将在这30分钟的时间里成为顾客选择或者不选择你的两个理由，用服务感动顾客的情感，用专业赢得顾客的判断，这样的一次体验就会成为樊文花有别于任何面膜和其他日化产品的根本。"

这30分钟，展现的是樊文花的终端软实力。

那么，这30分钟里，顾客享受到了什么呢？

我们不妨从侧面来了解一下这个服务背后的故事。以下是一段来

三、把免费做到极致

自企业内刊《樊文花人》2017年1期团队成员自己写的文字，文章标题为"千店如一，极致出击：樊文花极致30分钟免费体验全国启动盛况分享"。

"极致二字，说起来很简单，做起来却是层层把关、要求严格，很难。实际操作150分的评核，结合着每一个细致入微的服务细节，从背诵，到试卷考核，再到服务通关，每一位樊文花人不仅要攻克自己语言关，改变自己的心理关，还要攻克几个日夜不休的身体关。"

当你坐在经过如此魔鬼训练出来的面部护理师面前，当每个流程都认真执行下来，你能感受不到其中的诚意吗？能不考虑一下是否要选择樊文花的产品吗？

樊文花团队要的就是你当下的这种心理活动，再以其核心的自主研发的护理产品的品质表现，来让你做出最后的决定。

"30分钟的极致服务一定会为顾客带来完全不同的服务感受，尊重和体贴在指尖和皮肤的触感中一次次创造感动。我们所有努力的目标就是让顾客一次次再来。如果顾客不愿再来，一定是我们哪里做得不够好，就要找出原因，并送给顾客感恩礼物。"

樊文花团队发现，只要对内严格要求自己，就会达到一个正向的连锁反应。这也正是公司上下都明白的一个价值观——"认真"两个字后面的意思——"你只管认真，顾客会负责业绩！"

因此，樊文花做免费派发、免费服务是认真的、真心实意的，终极目的是让用户来真正体验一次她们销售的产品，因为她们对自己的产品无比自信。所谓"真金不怕火炼",在樊文花这里,是"好产品不怕免费",只等你来体验。

5. 免费标准化的制定

由于樊文花推出的"免费"既针对产品,又针对服务,还有明确的线下空间转化目标,这就使得团队必须要聚焦免费产品派发、免费服务体验这两个环节,需要在提高效率的同时降低成本,整个环节必须可控、可管理、可复制。

尤其是免费面部护理服务,除了手工护理的流程繁复,空间美感、动线、座椅舒适度、灯光、工具操作便利等都要全部做好,给顾客一个最佳的享受,而其背后需要做的准备工作细项如果都列出来的话,是一个非常复杂的系统工程。

而这些,都是为了卖出一件件樊文花自己出品的面膜及护理产品。

这看起来似乎是一项很重的营销投入,但在樊文花这里,这次从美容院转型到聚焦面部护理服务又显得合情合理,而且具有对未来市场的前瞻性,毕竟在新零售时代里,"体验"才是线下店铺的核心。可以判断,未来更多的产品都需要通过体验来实现销售,而樊文花现在已经这样做了,并且是提供免费的体验——具有人情味、高要求的标准化体验。

"说起来,关于面部护理连锁店这么复杂的系统工程,目前在国内也只有樊文花品牌拥有这个实力可以做到。"这个结论来自2015年加入樊文花团队的江小燕,她之前在广州一家中药相关连锁店负责标准化的工作,如今在公司的标准开发部,负责店铺标准化的制定与推行。加入樊文花之前,江小燕比较了市面上的几个品牌,并与自己原来的行业进行了对比,得出了以上结论。

樊文花前面二十几年做美容院的经验,是江小燕做出判断的基础,也是她目前在做面部护理体验店标准化设计的基石。关于面部护理体验店的标准化,包括店铺空间的各个细节、工作流程以及店铺管理等,负责这些的就是标准开发部,这个部门由创始人樊文花亲自管理。

2018年,江小燕的工作重点是如何做减法,如何把之前的美容院的服务习惯做到更简单、更便捷。有些服务环节在新的要求下是需要砍掉的,因为要让一线团队更聚焦于做好一件事,做到一切都是有序的。"产品也好,流程也好,我们的目的只有一个,让一线经营得更简单,现在还是太复杂了。"

比如,以前店铺可能会主动增加一些额外的护理项目,但现在需要简化,甚至是砍掉。"原来做面部护理之后,还会做些肩颈部的按摩,我来了之后第一时间就建议把这个去掉。毕竟我们的定位是做面部护理,我们要专注研究顾客的脸,其他部位的按摩以及彩妆都不是我们的服务内容。"

标准化的管理除了护理手法更加精准有效之外,还有工作流程上的体现,例如什么时候必须换水,水温如何保持……江小燕都要负责制定出指导手册来加以规范。

对比看樊文花连锁店面部护理服务1.0和2.0的工作流程，就可以看出确实是删减了很多环节，流程变得更加精准有序了。以一个步骤为例，在1.0版本里，面部护理完了之后会和顾客沟通如何化妆并向顾客推荐产品；但在2.0版本里，话术调整为跟顾客确认是否需要化个淡妆，然后用2~3分钟快速完成即可。

这个看似细微的调整最终形成了全体执行的标准化流程，其实背后也做了不少的磨合。原有的思维带有促销动机，对短期业绩看似有帮助，却也会影响到顾客体验，同时影响执行的时间成本；现在新的商业逻辑变得更简单后，发现这个环节其实可以淡化处理，从长期来看也会实际提高整体的效率和业绩。

"一线的伙伴觉得多做点服务也可以多卖点产品，但她们可能没意识到这样也许能稳步发展1个月，但要再往前发展的时候，会发现顾客慢慢不选择我们了。"江小燕说标准化的制定过程有时候要与旧的销售习惯做"斗争"，想要标准地执行流程就需要统一大家的意识，就需要耐心地与分布在全国各地的处于不同发展阶段的伙伴们沟通，一点点去说明长期利益和短期利益哪个更重要。"为顾客服务，数量不是最重要的，更应该关注服务的质量，我们用专业和爱心服务好顾客，按标准做好每一项服务内容和让顾客体验到服务的精髓才是最关键的。"

类似这样的标准化制定，在经过一段时间的测试发现有效之后，樊文花就开始向全国的店面推行。免费的实物产品相对比较好管理，但免费的服务则要考虑得非常多，不能掉以轻心，要同时做到体验良好、流程高效且专业，并且节约人力成本，这确实是个值得琢磨的新课题。

樊文花极致 30 分钟体验（1.0）

步骤	时间	产品	物料	标准动作	参考话术	注意事项
第1步：自我介绍	0.5分钟			1. 指引顾客入座 2. 自我介绍，边帮顾客调整体验椅的角度，边包头		
第2步：护理前准备	1.5分钟			3. 给顾客体验提示卡，并告知整个服务的用时 4. 戴口罩 5. 准备体验用的物料 6. 清水清洁双手 7. 消毒双手		
第3步：卸妆	2分钟			8. 向顾客展示卸妆油 9. 打湿化妆棉，用化妆棉和棉棒取适量卸妆油 10. 卸除眼妆 11. 卸除唇妆 12. 卸除脸妆 13. 乳化 14. 清水擦拭		
第4步：洁面	2分钟			15. 向顾客展示洁面乳 16. 洁面 17. 擦净洁面乳 18. 清水检测、擦拭		
第5步：第1次照镜子	1分钟			19. 请顾客照镜子，与顾客一起分析皮肤 20. 邀请顾客拍洁面后的照片 21. 分析完皮肤后，向顾客展示将要为其体验的面膜		
第6步：原液按摩	2分钟			22. 撕下面膜上的原液 23. 进行原液按摩		

（续）

步骤	时间	产品	物料	标准动作	参考话术	注意事项
第7步：敷面膜	15分钟			24. 撕开面膜袋，取出面膜，敷好 25. 帮顾客擦眼睛、擦下巴、垫小枕头、解头巾		
第8步：第2次照镜子	0.5分钟			26. 提示顾客照镜子，感受樊文花面膜的质地 27. 给顾客一本手册阅读 28. 为顾客准备适合她的护肤方案 29. 与顾客交流，尊重顾客		
第9步：撤面膜	1分钟			30. 为顾客撤面膜前，准备一盆干净的温水用于擦拭 31. 为顾客重新包头巾 32. 清水清洁双手后再次消毒，然后撤膜 33. 进行清水擦拭		
第10步：第3次照镜子	1.5分钟			34. 提示顾客照镜子，让顾客感受面膜的效果 35. 邀请顾客拍撤膜后的照片		
第11步：涂抹原液	0.5分钟			36. 向顾客展示原液 37. 取适量原液均匀涂抹于顾客脸部		
第12步：涂抹乳液	0.5分钟			38. 向顾客展示乳液 39. 取适量乳液均匀涂抹于脸部		
第13步：化淡妆	2分钟			40. 向顾客展示气垫BB霜，再为顾客使用气垫BB霜 41. 向顾客展示桃花纪粉嫩胭脂，再为顾客轻刷腮红 42. 向顾客展示桃花纪丝绒粉饼，再为顾客扑粉饼 43. 向顾客展示桃花纪水晶唇彩，再询问顾客是否需要涂唇彩；确定需要后，用棉棒进行涂抹		

(续)

步骤	时间	产品	物料	标准动作	参考话术	注意事项
第14步：第4次照镜子	3分钟			44. 提示顾客看镜子，与顾客一起欣赏整体的变化 45. 邀请顾客拍化妆后的照片 46. 扶起顾客 47. 为顾客推荐适合她的皮肤解决方案 48. 顾客支付 49. 打包并提示使用方法		
第15步：整理衣物	1分钟			50. 卸除顾客胸前的毛巾、头巾（发带）等		
第16步：送客	1分钟			51. 温馨提示顾客带齐随身物品 52. 送客到店门外，把产品交给顾客后再送客		

樊文花极致30分钟护理服务（2.0）

步骤	时间	产品	物料	标准动作	参考话术	注意事项
第1步：护理准备	2分钟			1. 引——指引顾客到护理区 2. 包——调整体验椅的角度，为顾客包头、铺毛巾 3. 递——递给顾客护理提示卡 4. 戴——戴上口罩 5. 整——调整美容凳高度、准备好产品及物料（顺序：套盆袋→倒温水→放洁面巾→拉出小桌板→把化妆棉和棉棒放在小桌板上） 6. 消——消毒双手		

（续）

步骤	时间	产品	物料	标准动作	参考话术	注意事项
第2步：清洁皮肤	4分钟			1. 示——向顾客正面展示洁颜油 2. 卸——依次卸除眼、唇、全脸妆容 3. 擦——清水擦拭干净 4. 示——向顾客正面展示洁面乳 5. 洁——按面部三线清洁面部 6. 析——边洁面、边分析顾客的皮肤 7. 测——换一盆干净的温水，清水检测、擦拭		
第3步：面部护理	13分钟			1. 示——展示原液 2. 点——原液点穴，具体手法按照30分钟极致服务手法 3. 提——要提醒顾客定期到店护理 4. 示——展示面膜 5. 敷——根据30分钟极致服务手法敷面膜，要做到服帖无气泡 6. 定——为敷膜定时，并告知顾客护理师姓名 7. 包——为顾客重新包头巾 8. 撤——撤掉面膜		
第4步：滋养美肤	1分钟			1. 示——向顾客正面展示原液 2. 抹——取适量原液均匀涂抹于脸部 3. 示——向顾客正面展示乳液 4. 抹——取适量乳液均匀涂抹于脸部 5. 示——向顾客正面展示BB霜 6. 抹——为顾客涂抹BB霜 7. 照——提示顾客照镜子，与顾客一起欣赏整体的变化		

（续）

步骤	时间	产品	物料	标准动作	参考话术	注意事项
第5步：成交收银	5分钟			1. 扶——扶起顾客，把美容凳挪到顾客侧面 2. 荐——根据顾客的皮肤及确定购买的情况，推荐顺序应为：密集护理→日常护理。对于前面已成功推荐的产品，请顾客确认，无须再次过多推荐，重点推荐未确定的产品。对于新顾客，建议推荐密集护理+日常护理，如1号/7号方案套装、配合密集护理要用的面膜、原液和乳液 3. 成——顾客确定产品后，请顾客支付 4. 约——预约下次护理时间 5. 签——请顾客签名，以确认服务质量和存货登记表 6. 送——微笑送客		

最后一步是现场整理，包括以下8个步骤：

一叠——叠好毛巾；

二擦——使用一次性洁面巾擦干净美容车；

三丢——把护理后的杂物丢到垃圾桶；

四查——检查脏水桶的水是否需要倒掉；

五补——补充抽屉里化妆棉、棉棒、洁面巾、一次性盆袋的数量，兑满保温瓶的温水；

六归——美容车、美容凳、体验椅等归位；

七录——录入顾客放在店里的售后产品，以便下次前来护理时查找；

八存——把顾客售后的产品放到存货箱中。

6. 免费需要人情味

如今，各种智能自取终端设备遍布各大商场通道，并深入到了社区的各个角落，那么樊文花面膜的免费派发能否通过这些设备来实现呢？这样是否可以更加节约成本和进行标准化管理？

对于面部护理极致 30 分钟服务，在未来是否可以开发出智能机器人来操作？这是否可以更好地保证标准流程执行的准确度？这样可以节省人力投入以及培训成本。既然要朝着标准化的服务努力，而且人工智能也是未来的发展趋势，那么樊文花模式是否会考虑这样的方向？

笔者曾经就这些问题与樊文花本人以及团队各个层级的伙伴讨论过，得到的回应都是一致的，樊文花免费服务是不可能完全"智能化""无人化"的，因为樊文花最打动顾客的就是人情味，带给顾客的是有温度、有情感的体验。

标准开发部的江小燕列举了很多个环节。"比如顾客进来，我们给她端上一杯水，但机器人可能做出的表情和动作是没有人情味的感觉的；又比如在做面部护理之前包头发的动作，我们通常都要问顾客是否舒服、松紧度怎样，我们是对着左耳或是右耳轻声说话，可能每个顾客都是不一样的情况，这个沟通和互动的过程，机器人也不一定能做好。包着头巾的过程有 30 分钟，这个感受会伴随 30 分钟，因此我们会不断去关心顾客的感受。"

"夏天顾客如果是穿裙子进来，做护理时我们也会主动给条毯子，帮忙盖下膝盖，这是出于防止走光的考虑。而这些，机器人是不可能做出判断的，这种就是人与人之间的带有温度的服务，顾客会觉得这种服务很贴心。"

"又比如，顾客躺下后，我们会半蹲着与其沟通……这些都是要用心去感受的。樊总的要求是一切要以用户为中心，因此顾客的感受才是最重要的。"江小燕在她的标准化服务的流程设计中，都会充分地考虑这些有温度的细节，她说自己其实就是一个"客户体验优化师"。"我们规范的是我们的行为，流程的设计都是为了提升顾客的感受。"

樊文花模式告诉我们：免费的，更应该是有人情味的。

体验式零售

四、不知不觉地
用互联网思维做产品开发

互联网时代，实体店的经营方法完全变了，再固守传统思维，注定会四处碰壁。

所谓商业的互联网化，主要表现在两个方面：

第一，商家将重新构建与顾客之间的关系。

第二，商家利用互联网工具改造内部经营流程。

在互联网思维下，实体店应该依托互联网做传播，找到目标客群，也让目标客户群认识你，并进行参与和互动。

以用户需求为导向进行产品开发和服务设计，再根据找到的目标客户群做精准型"窄众产品"。

微小改进，快速迭代，以互联网手段收集反馈信息，迅速改进产品、服务，进行再传播。随着功能、服务、产品线的完善与扩充，逐步扩大目标人群。

——《实体店：卖什么都不如卖体验》，2017 年 10 月北京联合出版公司，黄会超

四、不知不觉地用互联网思维做产品开发

1. 基于朴素实用的互联网思维

"新零售""免费服务""以用户为中心"……这些在互联网公司司空见惯的词汇,在樊文花公司,却似乎是误打误撞才被理解的。

樊文花是不知不觉进入新零售的,虽然到现在为止也只能算是一半身体进入了,而另一半身体还在准备进入中。

例如免费派发,这是个很朴素的营销选择,事先也没有用互联网思维,只是认为手上的资源就是面膜,是自己认为好的产品,于是就努力做口碑,一片一片送给大家试用,硬是走出来了一条路。

在樊文花这里,互联网思维不是花哨的概念,而是来自朴素实用的需要,是生存的需要,是天生只会做这个,只能这么做,而不是学习了某个概念,生搬硬套出来的。所以说,樊文花的方法都是在其土壤上的"互联网思维"。

说起来,国内有些新零售案例是创新设计出来的,因为传统零售不行了,所以要创造出什么体验经济,制造出话题、风口和所谓的新概念,然后再去培养用户习惯,寻找盈利模式。相比起来,一直就在做着体验服务的、土生土长的樊文花，再转身增加"新零售"的概念，其实这只是应运而生而已。樊文花的新零售之路是因为走投无路而被逼出来的，有了以前的企业根基，这样的新零售反而更接地气。

正如薄晓波说的，"其实我们最终回过头来，才发现在这么多年，樊总一直就是以用户为出发点来做事的，樊总一切思考的维度都是'今天用户需要什么，我们能为用户提供什么'，永远是这样的导向。因此，用户的需求即是我们存在的价值，如果用户不需要我们的时候，也就意味着我们没有价值"。

"时刻以用户为导向，现在很多公司的管理都是如此。那时候我们经常调研，樊总常常走到用户中间问她们需要什么。女人肯定需要皮肤护理，但去美容院时间太长，要两个小时，能不能再便捷一点？美容院因为收费不透明，性价比不高，那么如何做出性价比高、又快又时尚的产品来满足她们？……在这背后，樊总做了很多的互动和调研。"薄晓波回忆跟着樊总去做调研时，她经常被樊总要求思考的问题就是："樊文花的目标用户在哪里？"

因为都是女性，所以樊文花提供的每一项服务都是设身处地想出来的，樊文花对顾客的精准打动甚至使很多顾客也加盟开店，形成了一个牢固的共同体。从顾客中转化店长，这也是樊文花无形中找出来的加盟模式。

"樊文花后期开店之所以速度快，就是因为80%都是顾客（用户）来加盟开店。"这是王国鹏提供的数据。而这正是很多互联网企业梦寐以求的效果。

2. 精准研发，产品迭代

樊文花面部护理连锁体验店能够迅速发展，离不开樊文花自身过硬的产品和核心技术，而这些产品和技术的研发，都是来自企业创始人——樊文花本人。

产品研发的思路体现在每一处细节上。例如，樊文花的面膜包装与别家有不一样的地方，就是每片面膜都自带一小瓶原液。这个其实是樊文花对产品一个看似很小的创新。而这个创新却对整个服务流程设计，也就是对用户体验起到了关键作用。在敷面膜之前，需要先使用原液以正确手法加以按摩，然后才是敷面膜的环节。前面这个按摩的步骤非常关键，因为这样可以促进后续更好地吸收产品，真正达到护肤的效果。

樊文花在整个面部护理产品的设计过程中，从便利、便宜、简化流程等角度综合考虑，为顾客考虑到了每个环节，同时也做出了一个完美的商业设计。

"大多数用户平时都是很忙的，懒得护肤，那么我们的思考就是让她用简单的方式达到同样的效果。美容院最初有一个服务，整个流程是洗面、涂抹角质软化液，再拿一张面膜泡湿了之后敷上，15分钟以后拿掉按摩，按摩完了以后洗干净并导入精华液是100元一支，一般一次护理花费两个小时，要168元。这么算下来，顾客做个护理要花很长时间，至少两个半小时，这还不算来回路上的时间。"

"我们就把这两个内容综合起来，把面膜和原液装在一个盒子里，然后又研究怎样能在15分钟内做完全套护理流程。通常，15分钟只能吸收2毫升原液，所以即使可以用多些，但是营养吸收不到皮肤里面去，所以2毫升是比较合理的量。"

"此时面部的吸收还不够充分，于是我们又开发了一个专利毛巾来促进吸收。那个时候的开发思维是'让顾客把美容院带回家'，让顾客回家自己做吧。可是还是有懒的顾客继续回到店里来，要店里帮她做。其实我们一开始想的是教会顾客自己做，顾客要是实在不想做，也可以预约好来店里做。所以，一开始是想着以卖产品为主的，而不是要开店的。"

回溯樊文花开发面膜的起因，最早都是围绕着节约顾客时间，让顾客方便、有效地自己动手，结果却是误打误撞地走出了自己体验式零售的独特道路："顾客在美容院里花168元，最重要的需求就是导入精华液，然后要贴上面膜。特别是贴面膜这个步骤，我就抓住了这个核心，要求整个服务过程要有效、舒服。"

"我对产品研究的思路就是，如何让用户买得起、能找到、有效果，谁给我推荐，以及如何做到专业。"樊文花说。

樊文花面膜中的原液有一种包装是用很精致的玻璃瓶，虽然是一次性使用，却很讲究，造型结合了香水的时尚感和药品的专业感。这是樊文花自己带着团队设计出来的。

"樊文花原液面膜第一家店就是因为开发出来了原液和面膜加在一起的这个产品，我们申请了发明专利，包括设计外观有外观专利，配方有配方专利，加上特殊化的许可证，几个特点加在一起才敢推向市场。整个产品研究开发要两三年的时间。"樊文花在开面部护理体验店之前做的这些产品研发工作,一般人都不一定会看得到,就是看到了也不能马上学得会,因为研发及申请专利的流程本身也需要一定的时间。

"我们先用原液、后用面膜这个流程是原创的。原液和面膜组合起来是发明专利,此外还有一个设计专利。前者这个发明专利,可以等同于1000个包装设计专利。"樊文花如此评价自己的专利。

"除了简化流程,我们还节省了成本。成本是什么呢?我们把100多元的产品降到了十几元,顾客在面部护理体验店里也能达到原来在美容院做的那个效果。刚推出这个产品的时候,我们自己在山西的美容院的美容师,每天都沉着脸,生气,因为樊总开发的面部护理体验店把自己美容院的生意都抢了。所以我们的竞争对手一开始的部分是美容院。"这样内部杀出的产品,怎么会没有竞争力?

从某个意义上来说,樊文花的产品迭代首先是把自己的传统生意给"革命"了。而且樊文花要求销售也换一个思维,原来要卖一支护理液,现在把它化整为零拆出来卖了。

"我原来还有一个生命花树品牌,专门卖100元一支的精华液,零售价是24支2400元,12支1200元;而现在我的研发团队其实是把生命花树品牌的这个精华液,加上美肤面膜,加上美容院服务的一些手法,综合成了体验店的产品。后来,我又把敷面膜之前的面部护理服务变成了免费的。"这些改变使面部护理体验店的产品推出市场后令顾客无法拒绝,具备了强大的竞争力。

"樊文花面膜也是经历了十几次的升级才变成今天的样子,原来是一堆粉,没有包装;后来有了包装,又变成膏霜状的,而后又变成可撕拉的，最后变成原液和面膜结合。"这是一个产品精进的过程。

这其实也是面部护理体验店比较核心的竞争力。樊文花说："我觉得营销最关键的还是你的产品，这是所有商业的内核。产品一定要过硬，面部护理体验店的产品基础就是我们获得专利的原液和面膜。"产品为王，经常保持更新迭代，在樊文花这里是绝对正确的。

樊文花与植物资源研究开发重点实验室合作多年，开发出了原液面膜等系列产品，并在香港成立了美白研究所，在广州建立了占地面积近2万平方米的现代化生产加工基地，还特别引进了国际一流的专业化妆品生产线及亚洲一流的实验室。

除了强大的研发实力和严苛的检测要求，樊文花还拥有25项专利，获得国家食品药品监督管理总局颁发的14个特殊化妆品经营许可证。

2017年11月，樊文花面部护理研究院在广州花都区成立，提倡以"天然来源、科技领先"的理念来满足消费者对面部护理产品的需求。研究院拥有多个新建的多功能实验室及一系列最新引进的仪器设备，包括小型反应釜、皮肤图像及色彩分析仪、稳定性测试全套设备。樊文花表示，在面部护理方面，将以巨资来持续保证研发投入。

3. 销售的不是产品，而是解决方案

时至今日，樊文花的销售手法仍在逐步演进，慢慢地，店面已经不推面膜这种硬的产品了，即使面部护理体验店还是得靠卖这些产品来产生收入。

四、不知不觉地用互联网思维做产品开发

"其实我们是这样和产品连接的,先诊断顾客的面部问题,使用分肤的方法,判断顾客是缺水型还是缺油型,是长痘痘还是长色斑,是暗淡无光还是敏感或衰老,是否油水不平衡、毛孔粗大、酸碱不平衡等,把问题先分类。"

一线的客服在跟顾客互动的过程中,是要根据顾客的面部问题来为其定制专属方案的。所以王国鹏说樊文花卖的不是产品,而是"皮肤问题的解决方案",也就是面部护理解决方案。"我们并非以销售产品为核心,而是以解决用户问题为核心。"

互联网公司的人听起来是不是觉得很熟悉?身处传统服务业的樊文花,就这么轻松转型成了创新型的、具有互联网服务思维的企业了。

这里面有个特别巧妙的设计,就是用户已经天然选择了樊文花品牌的产品。在必然选择樊文花产品的前提下,选择不同的解决方案,樊文花提供不同配方的产品来解决面部肌肤的问题。

那么,用户是否会做出其他选择,比如想选用其他国产品牌或是知名国际品牌的护理产品呢?王国鹏的回答是:"这种事情几乎从来没有发生过。"首先,樊文花是个专卖专营店,只做樊文花自己品牌的产品;其次,这里有个心理设置,一位新顾客,在看到樊文花面部护理体验店的时候,最快想到的就是服务,"但如果她没看到店,只是看到产品广告,是没办法判断的,可能只知道是卖面膜的。"

在以面部护理解决方案和服务占据用户心理吸引用户前来的时候,樊文花的产品就成为制造惊喜的角色了。而所有樊文花人最自信的就是自己的产品,因为她们都知道,自己品牌的产品源自多年专注的研制,

背后有专业性的支撑。

创始人樊文花可以说是美容业内少见的在做一线产品研发的痴迷者，她甚至至今仍保持为顾客做面部护理的习惯。平时，她无论是接触顾客还是同事，都是首先关注和分析对方的面部肌肤问题，所以她特别在乎产品的质量以及产品能否产生效果，她是那种能做到每天想的只有面部护理解决方案的人。

不是销售面膜，而是销售面部护理解决方案的共识，与樊文花在整体转型前做的定位也是有关的。"在做新的定位之前，其实我们也认为樊文花是卖面膜的，我们以为顾客是因为对我们的面膜有需求而来买的；做完定位之后，我们校正了想法，顾客实际上不是为了买面膜，而是为了面部护理才来体验店的。就是说，顾客更看重的是护理，是因为需要解决自己的面部问题才来店里的。"王国鹏说。

樊文花模式就是在销售上做了一个巧妙的概念转化，顾客认为自己得到了一个服务，但在商家这里认为是卖了一个产品，这两个心理认识居然得到了统一。顾客最在意的东西是免费的，不太在意东西反而是收费的。

4. 复制"免费的、体验式的、邻居式的"服务

樊文花面部护理体验店如何实现快速复制和快速增长？

这是王国鹏总经理走马上任后首先要思考的问题。

在此之前，他在陕西已经有了一套自己的打法，基本上就是托管式——自己出钱把店开起来，3个月进入正常运作后再卖给加盟商，前期的测试工作与经济风险由自己的团队来承担。

但体验店的模式需要裂变，才可以让店生店，不断扩张。管理团队必须要让伙伴能找到一种可学习的机制，建立一种可以生长的文化，从而使得体验店模式可以自动自发地进行裂变。

这个机制王国鹏已经找到了，就是：免费的、体验式的、邻居式的服务。

"樊总的产品研发和商业模式已经做完了从0到1的过程，我接下来的工作则是要做好从1到10、到100、到1000的工作。"王国鹏说。

"我对樊文花的解读是这样的：体验店免费送面膜，免费做售后，是体验式的，是和邻居做生意。首先要通过免费来拓宽用户面，然后通过体验把用户做深，最后通过邻居把文化落地。免费做宽度，体验做深度，邻居做高度。"

"如果打通了这三个的关系，樊文花就很容易复制。因为只有免费才能找到用户，就是通过派发面膜的方法；只有体验才能留住用户，卖出产品；而把邻居照顾好，才能有品牌的高度。如果加盟伙伴能专注把这三方面做好了，项目就一定能做好，一定能够复制成功。"

樊文花是通过"产品+服务"来与用户实现交易的，这里的"服务"也是产品的核心组成，而不是纯外部链接的，不是物流、附赠的消遣娱乐等，服务的专业性和产品的专业性在樊文花这里必须是统一的。

"很多世界级品牌的专业性更多是靠产品去完成的，体现在产品里头。顾客是看不见它的专业性的，顾客看得见的是它的品牌和定价。但樊文花不是，我们在品牌和定价上并没有优势。"王国鹏解释，"品牌产品更多像西药，反正你的皮肤有问题，对症吃药，如果还有问题，肯定是你的脸不合适。樊文花则不一样，更多是在交心，它的店在那儿、人在那儿、服务在那儿。"这个意思是，如果用户使用面膜有问题，可以去体验店里，就像去看中医一样，通过望闻问切来解决问题。

"任何体验营销最终都是靠服务。专业是可以训练出来的，但服务很难。能否做好服务，要看你有没有这个基因。樊文花在做了转型定位之后，我们也是从这个维度上去分析自己。可以说在中国，面部护理这个事情樊文花现在做得并不算好，但也暂时没有人比樊文花做得更好。"

王国鹏的努力，就是要把这个自带企业基因的服务变成可复制的东西。

那么，对服务的复制，是否需要控制数量？以及能否保证质量？

"毫无疑问，樊文花这两年正处在一个高速发展的初级阶段。开店数量发展很快，但企业整体还处在初级阶段。为什么说是处在初级阶段呢？我的看法是，企业现在的一切都还是感性的、个性的和经验性的。什么时候把经验变成方法，个性变成目标，就可以进入终极阶段了。"

王国鹏说这个阶段必须长出翅膀，如果长不出翅膀，发展快了就是不好的事情。至于复制数量和速度的问题，可以交给"规模"去解决。

"现在不需要控制数量。我的思考是这样的：有些问题肯定是需要解决的，但有些问题是需要消灭的，有些问题是在发展的过程中自动消失了。比如说当企业达到一定规模的时候，品牌职能就强了。前期你可能还需要亲自去示范，外部人并不知道你的效果如何，但在数量和速度起来之后，品牌也强大了，加盟者就有足够的信心来参与。"

樊文花正如一列高速前进的列车,没有办法停下来去维修。"在这个过程中我们要注意四个问题,第一个是战略要发力,我们的战略就是做减法,只做面部护理;樊文花做专业面部护理连锁店,专业、面部、护理、连锁,这几个词就是我们的战略。第二个是文化要落地,这意味着我们要建立一种长期、稳定、健康、持续的关系;第三个是管理要系统,第四个是观念要与时俱进。这就是我们在这个阶段要完成的事情,战略、文化、管理和观念都要同步升级,当我们发展到更大规模的时候,就生成了新的能力。"

王国鹏的理念是,不去解决现有的问题,而是用新的能力直接去消灭它。"我不是把这些问题解决了,而是用升级的方式把它消灭了。"

或许,我们对樊文花的转型升级进行观察的意义就在于此。我们愿意看到一个成功的结果,因为这已不是一场企业生存发展的"常规战争"了,而是有点"超限战"的意思了。

5. 三四线城市的社群发力

2015年4月,唐山姑娘郝珍珍在逛街时偶遇樊文花在唐山的第一家远洋城店开业,出于好奇免费领取了面膜。没想到,一年后她开始了与樊文花更深的缘分,成为唐山八方店的店长。

"开业前,我向经理申请了一点福利,在微信朋友圈发了一条免费领取面膜的微信,好多人纷纷留言想要体验,但是因为店铺还没有开业,我就一个一个给她们送过去。有一次,我因为给上一位客户送面膜耽误了时间,而没有及时赶到下一个约定地点,我就打车去她家,她当时特别意外也特别感动。现在这些人都已经成为樊文花的忠实'花粉',分散在樊文花的各个店铺。想到这些,我就觉得特别有成就感。"

"店铺开业后,微信里有一位客户看见我的朋友圈觉得樊文花产品不错,没试过就直接让我搭配了面膜,但因为她当时在江西老家照顾宝宝,所以我每次在给她寄产品的时候会顺便寄点小孩子的袜子之类的表达我的心意,但还是觉得自己做得不够。后来,她回唐山以后要带小孩没时间到店里,还是需要我给她同城邮寄产品。为了感谢她的信任,有一次我带上售后服务工具到她家给她敷面膜。当时我一边帮她看孩子,一边在她家地板上半跪着给她做面膜。即使店里的伙伴发微信说店里忙不过来了,我也还是坚持帮她做好了才回店里。我们现在一直保持联系,偶尔她还会给我提一些好的建议。我享受这样的工作,我就像是向日葵一样,走到哪里都是温暖的。我们带给别人温暖,别人带给我们感动,一直面向阳光成长。"

这是郝珍珍发表在企业内刊上的工作感悟。一年的时间,她从用户转化为伙伴,从一名"花粉"转化成为樊文花店长,并在工作中继续发扬了樊文花的分享美和传递爱的服务精神。

这就是樊文花社群里的核心人群,从郝珍珍的分享就可以看出,樊文花人每天的工作都是用心的、扎实的,所以这样的社群黏性非常高。

"有一位'花粉',她的皮肤在樊文花得到了极大的改善,她的喜怒哀乐都会和我分享,就像很多年的老朋友一样,来到店里看见人多还给我们帮忙。知道我们经常吃不上饭,就给我们带吃的。店里没水了就帮我们去打水,结婚还邀请我们去参加她的婚礼,最重要的事情都有我们的参与。"

郝珍珍形容："在樊文花，我们就像拥有了哆啦A梦的口袋，永远有掏不完的惊喜和感动。我们将心注入，用心服务，和用户的关系就像家人和朋友一样。"

在樊文花这里，类似郝珍珍这样的故事非常多。由此亦可见樊文花对用户社群的黏性非同一般，几乎是融入个人生活了。通过微信连接、互动，从线上到线下，细致入微，这种全身心的投入，如果没有强大的品牌文化认同感是无法做到的。

以上我们只是看到郝珍珍和一两位"花粉"的互动，事实上，樊文花每个伙伴在微信上平均都要维护200位左右的"花粉"。而且体验店的真实空间具有社交功能，类似于一个姐妹客厅，或者闺蜜话题中心，在三四线城市，这是非常讨女性喜欢的场景。

"花粉汇"是樊文花面部护理体验店针对用户的社群品牌。主题名为"人生，是一场盛大的遇见"的活动，每年在各地都会举办一次见面会。在重点城市的活动，樊文花和高层都尽量出现在现场，樊文花会分享自己个人的真实成长故事，这些都很打动用户，能够拉近与用户的距离。

王国鹏总经理还在陕西做分公司经理的时候，把"花粉汇"从之前几十人的小规模，一下子做到了千人规模。2016年7月16日的陕西第二届千人"花粉汇"还有集体舞蹈节目和直播，"花粉汇"现场还有大礼包派送的机会。

这些都构成了樊文花面部护理体验店的社群文化，而且每年固定举办，无论对内对外都有一个很好的效果，使得樊文花在当地能够更好地扎根下去。

另外，樊文花做"花粉"社群还有一大利器，就是拥有一个超过64万名粉丝的微信公众号（截至2018年6月的数据），而且粉丝都是在连锁店里一个个加进来的。

"这些粉丝全部是真实的粉丝，是靠门店的人流产生的，跟所谓的新媒体营销没什么关系。公众号的粉丝增长速度很快，因为我们设计了奖励老粉丝带新粉丝的规则。"

"去年'双十一'我们做了一个很简单的活动，规则是粉丝拉三个人参加一个游戏就可以获得一个小奖励，结果有27万名粉丝参加。2017年春运开始，我们策划了一个小活动，前200名参加者可以获得车票补贴，结果有3万多人参加。这两个案例都可见粉丝们的参与意愿非常强。"王国鹏介绍。

还有一个关键数字也引人侧目，根据樊文花官方2018年3月提供的数据：至2018年3月为止，樊文花在全国已经拥有220万名会员，都是购买过樊文花产品并有持续购买行为的用户。

关于会员的规模，樊文花在2016年12月撰文畅想过："在2022年，樊文花将有10000家门店，有1000万名忠实的会员天天敷面膜，因为敷樊文花的面膜，改变了她们的肤质……我们相信，2022年，在这1000万名会员里，可能是昨天才买了樊文花的面膜，今天路过的时候又带了闺蜜来，一起体验樊文花的服务，我们要再让这1000万名会员影响另外1000万名会员。"

2022年并不遥远，那1000万名会员对于樊文花来说遥远吗？大家可以算一算这个距离还有多远。还有4年时间，且让我们拭目以待。

体验式零售

五、从1.0到3.0的店铺体验

与电商相比,实体店最大的优势在于体验,顾客对实体店的最终认知不是靠"品牌",而是靠"体验"。

实体店在空间情景、人员服务、商品展示等体验要素方面优势突出,关键是如何通过这些优势来提升顾客的消费体验。做到了这一点,才能将消费者从线上、从竞争对手手中拉回来。

在互联网时代,实体店本身就是入口,门店要转型为所在区域和所在商圈的枢纽、社交集散地、体验中心,聚焦优势,打好体验牌,搞好体验营销。

消费者的感觉和感受是电商无法改变的,无论虚拟现实技术如何演进,虚拟终归是虚拟,永远替代不了现实。

目前,实体店远高于电商的成交转化率和电商巨头纷纷转战线下开设各种体验店,无不源于此。

这种背景下,基于体验经济的体验营销,是实体店在电商时代重塑竞争优势的秘密武器。

顾客体验包括实体店经营、服务的所有环节，涵盖经营、管理、后勤服务等所有人员，涉及线上、线下等所有终端。它是一个综合的、立体的、全维度的感受与评价，顾客体验的优劣取决于其中的"短板"而非"长板"。

实体店顾客体验的提升并非朝夕之功，它是一项系统工程，需要经营者将其上升到经营战略的层面来对待，将互联网本质和线下的效率及服务相结合，和顾客一起拥抱超体验时代。

——《实体店：卖什么都不如卖体验》，2017年10月
北京联合出版公司，黄会超

1. 把体验店开在女人最多的场所

樊文花不是电商转型，她本来就是开传统美容院的。在此之前，美容院都是开在社区、街区里的。

经过几番市场试验，樊文花的面部护理体验店在美容院一楼开过，在街区社区开过，最终樊文花选择把体验店的位置锁定在女人出现得最多的地方——商场。这背后是有学问的，经过了仔细且专业的市场测算。

"我的思考就是女人在哪里我就要在哪里，我的消费者在哪里我就到哪里。其实我们最早还选择过超市，但是我发现超市里的盈利能力太低了。"樊文花说。

但是樊文花面部护理体验店一开始要进商场却不是那么顺利。薄晓

波回忆说:"商场不要我们,尤其一听说我们要派发面膜。商场对樊文花的第一印象就是美容院,又听说我们是要向顾客主动派发面膜,自然而然地联想到我们要强买强卖。一开始商场都很排斥我们,让我们必须保证决不会强买强卖。因此我们在客人进来的时候,不是以卖产品为导向,而是以服务为导向,最后客人买单全是自愿的。之后,商场不仅没有阻止我们去做派发,而且很多商场还会帮我们去做派发、引流。"

选择了商场的樊文花面部护理体验店最早的空间打版是樊文花亲自带人设计的,空间陈列都是从日常的具体工作需要出发,选择了很接地气、简洁干净的设计思路,而没有追求名家设计或时尚高端路线。

这样的设计定位给每位路过体验店的顾客都带去了舒服、贴心并且不受拘泥的感受,就像来到了一个闺蜜的自享空间,大家可以很亲切地轻声交谈,能够在这里待上1个小时也不觉得时间长。

樊文花面部护理体验店大多开在城市主要商圈的大型商场里,让人感觉就像是商场里的一个绿岛。女人们带着工作和生活的疲惫,来这里小憩片刻,让自己的脸静静地享受一下呵护。

樊文花面部护理体验店关注的就是这个,并为之提供解决方案。

"我的逻辑是,女人在整个社会角色中更多的是一名服务者,在家里,在公司大多情况下都是这样的角色。在樊文花面部护理体验店,她可以得到尊重,她被轻轻地按摩、被呵护,享受被服务的尊贵感觉,女人很难找到一个这样的地方。"王国鹏说。

"在美容院可能要花费的时间和金钱都更多,还有其他不确定的因素,但是来我们这里,方便、安全,一切消费都明码标价。樊文花的生命力就在于这样的模式设计,所以我们一定会去考虑提供的服务是否感动顾客。细致入微、用心、专业是我们给自己的挑战，只要能够做好这些，这个项目未来想做多大就可以做多大。"

"传统的店铺营销，惦记的是顾客口袋里的钱，以及顾客的消费意愿和能力；但在樊文花这里，则要惦记着顾客面部的需求和最想解决的肌肤问题。"

一句话，樊文花面部护理体验店希望带着自己过硬的产品和服务，来开拓一个完全走心的女人市场，做女人的安慰剂。

只要有女人，只要她们需要被安慰，樊文花的生意就能一直做下去。而这个做生意的场所是在商场，是从你的家、你的公司散步就可以过来的地方。

这个巨大的女人市场无处不在。例如，不仅仅是商场客流带来的生意机会，在王国鹏的眼里，光是在商场内部都能产生很多的生意机会。

例如，商场的售货员基本上都是女性，她们也都需要面部护理。当然，这只是小的市场，但也从一个角度说明了，樊文花具有无处不在地抓牢女人美容市场的能力。

王国鹏还真的给一线的伙伴们算过一笔账，当然他是为了让大家开窍、给大家打气，鼓励她们走出自己的店，到周边去挖掘顾客。他的算法是这样的："对于大部分中等体量的商场来说，一个商场的工作人员不低于500人，能撬动60%，也就是300人，应该是正常水平，每人每年2000元，60万元就有了着落。"

在商场能把周边做好了，这不就是家门口的生意吗？这是樊文花为加盟商设计出来的最佳、最简单轻松的生意模式。

2. 降维的消费升级

樊文花面部护理体验店是一个神奇的生意！

2018年年初的时候，笔者以普通顾客身份，去太原的一些体验店做调研，经过近距离观察会情不自禁地生出这样的感想。

因为每一家的生意都很好，要排队才能轮得上座位。樊文花店铺设计虽然还很初级，甚至2.0版本的空间还略有些杂乱，但背后却有想象不到的开店速度和数字，以及惊人的会员数量和客单价。而且据透露，客单价还真不低，平均都有上千元，进来的顾客在当地来说都是打扮得比较精致的。

说这个生意神奇有两个原因：第一，中国有巨大的三四线城市的市场流量，这块蛋糕非常大；第二，樊文花以低到消费者都不好意思承认的价格去满足了一个女性心理上的刚需。它跟常规的生意逻辑不一样，能明显感觉到它的原始驱动力，充满了蓬勃生机。

"原来的所谓消费升级的意思是把东西做得更好，让你买到更好的东西。樊文花的做法是，把原本属于高档日常消费的服务，降维下来让普通女性也可以享受到。这算不算是另外一种意义上的消费升级？"王国鹏把樊文花的模式形容为"降维的消费升级"，好像也有些道理。

这样一个神奇的生意，不像传统企业做的，反而像是互联网公司做的。

如果把樊文花面部护理体验店比喻成一个手机App或者微信的小程序，在很多时候好像也讲得通。

在商场免费派面膜，相当于互联网营销中的免费送福利，发红包。

进店免费做面部护理，相当于用户转化成功，下载了 App 或进入了小程序。

30 分钟极致面部护理服务和试用产品，相当于用户在做深度体验。

顾客购买产品，成为樊文花各个级别的会员，相当于用户注册成为收费会员。

顾客接受店员的回访，经常到店做护理，相当于用户重复进入 App 或小程序。

一家新的体验店进驻商场，相当于一个新 App 进驻了应用商店。

……

在樊文花面部护理体验店的日常工作里，确实也是把派发面膜和到店的转化率，以及到店后再消费并且升级成为会员的转化、消费的额度等，作为主要的考核指标。

一般的店铺，比较难做到这样的数据转化的工作逻辑。它们通常是随机看客流，看翻台率，对于用户的拓展、挖掘和引流并没有特定的工具，有很多的不确定性，特别是客流和产品消费，不像樊文花有自己的产品和稳定的目标客群。

而且与 O2O 模式不一样的是，樊文花引流的客群不是从线上来的，而是主要从线下导流进来的。再一个，樊文花专卖自己的产品，有自己的品牌，产品是周期性使用的、标准化的，所以一旦体验转化成功，基本都能保证一定的复购率。

还有一条也很重要，樊文花的定价策略也是电商的思维——价格是有一定吸引力的，足够便宜，加上免费的面部护理服务，等于只需要用买产品的价格就可以享受到更贵的护理服务。而这些必须亲临现场才能享受的体验和服务，又是电商做不到的。

创办30年的樊文花，每天都在面对有各种美容需求的女性，长年累月，可谓对女性的消费心理洞察得非常深。樊文花面部护理体验店，就是针对那些在城市里忙碌而又需要做面部保养的女性，她们没有足够的时间去美容院，但是在工作之余，可以顺路到附近的商场做一次价格不高、质量却很高的专业护理，让自己时刻保持容光焕发的亮丽形象。这个偶尔为之的事情一旦养成习惯，就会像吃饭一样重要，这就是她们的刚需。

在樊文花这里，互联网企业也可以找到"体验式零售"或者是新零售的新思路、新方法，至少可以是一种启发。

而这是樊文花用30年的创业历程才走出来的一条道路。没有前面扎实、厚重的积累，就没有今天看似轻巧的突围。

3. 极致体验的风险可控法

每个顾客在面部护理体验店享受到的30分钟极致体验，是樊文花的标准服务。

虽然"商品具有可见、可得的特性，服务却不一样，仅是一个过程，过程结束，服务就随之结束"。但我们看到，樊文花似乎打破了这条规律，服务是免费的，而且服务是伴随商品产生的，对顾客来说，依然获得了商品的价值。

但是，作为标准，最怕的就是在一线执行得变形了。

《重构零售：新零售时代企业生存法则与经营实践》的作者王晓锋认为，要想达到完美精准的服务水平，必须减少3个差距：

一是执行的差距，流程标准在执行过程中，执行人可能会根据自己的理解打了折扣。

二是预期的差距，指店铺需要建立更高的标准，提供超过预期的服务，才能减少顾客到店的预期心理差距。

三是传递与接收的差距，愿望是美好的，但结果未必美好，店铺与顾客在沟通上的共识如何高效达成，双方接触的很多细节都可能会影响到沟通。

"服务形象的建立需要慢慢积累，更需要零售商用心地'做好自己'：明确目标顾客对服务的期望，制定高于顾客预期的服务标准；做好培训和评估，做到服务的标准化和规范化，这是零售商建立良好服务体系的基础。"

樊文花标准制定部门的负责人江小燕说："产品也好，流程也好，我们的目的只有一个：让一线工作更简单，不能让它变复杂。"复杂就意味着给了一线工作随意发挥的漏洞和机会。江小燕之前是做连锁中药店标准化管理工作的，中药的标准管理也具有很高要求。

"我觉得空间整体营造的气氛非常重要，每个流程，每个过程，每个细节，当成为每家店内伙伴潜移默化在心里的要求之后，就会执行出好的体验效果。"江小燕形容这个氛围的培育过程就像是倒水的过程一样，要慢慢地倒。

创造一个好的体验，也离不开前期流程的专业和精心的设计。前面做得越仔细，后面就可以越完美。

樊文花面部护理体验店之前没有在商场做过，所有的经验都是重新建立起来的。比如，店铺里如何打水就是一个大问题。美容师要拿多大的桶打水，上洗手间几次，都是一个要考虑的细节。还要保持水的温度，因此打水需要小跑多少步、多长时间离开店铺，回来的时间是多久，这些距离和时间都要测算出来，每个商场又各自有不同的情况……这些都是樊文花亲自摸索过的路径。

面对各种执行的不确定性，樊文花的企业性格是提高自我要求，先把自己能做的做到极致。

"我希望我们的一线人员都能开心地、专业地、有艺术感地、很好地来让每位顾客感受到樊文花的服务，这要求一线人员的身高、皮肤、心态、学识各方面都是要好的。要让顾客发自内心地认同——这就是樊文花的面部护理体验店。"樊文花这样说。

体验式零售

六、从店铺后台管理看
"体验式零售"

"其实无论是 B2C 老电商，还是线下新业态连锁零售，都要看流量成本以及转化率这两大商业进化的核心要素。过去零售连锁业是典型的'人去找物'的逻辑，而 B2C 电商是虚拟化的交易场景，实现了'货去找人'的逻辑。随着线上流量成本越来越高，双向流量成为可能，特别是如何从线下获得流量，并将之引导到线上。消费者既可以为了某些体验去实体店，也可以通过 App 实现门店端的商品配送到家里。当然，不是所有品类都可以简单实现这种双向流量，特别是将线下流量导入线上，这其中有非常重要的品类逻辑和品牌认知力量。过去，传统零售始终无法做到将到店顾客数据化，形成有价值的消费者持续沟通的场景。新零售则实现了从客户、物流到支付等环节的全链条数字化，帮助品牌围绕产品策划和研发，实现柔性化产品设计和生产，这是一个全新的零售世界。"

——《新零售的未来：零售连锁巨头的进化之道》
北京联合出版公司

1. 陈列就是生产力

樊文花面部护理体验店的设计以绿色和白色为主要基调，自2013年开始，5年时间以来店铺空间不断保持着更新迭代。

樊文花面部护理体验店里的面膜类产品采用垂直性陈列，因为单品比较多、品项比较多，垂直陈列可以让每个品项有同样的陈列面，不致被忽略。

陈列的含义绝不是美观和整齐地摆货，而是用各种不同的排列组合方法，实现货品与消费者之间的沟通。

樊文花体验店面积较小，品类集中，因此货架相对较高。

"陈列，就是在合适的时候，把合适的东西放在合适的位置，把握商品在合适位置上应该陈列的数量，发挥商品和资源配置的最大价值。陈列师的工作直接涉及最主要的资源分配，涉及卖场的最大利益，而这便是'货架资源的合理分配'。空间是我们独有且最根本的资源，如同国家的国土一样珍贵。合理运用珍贵的资源，创造最大的空间效益，便是陈列的头等大事。"樊文花负责研究陈列的同事黄莉雅如是说。

"陈列是有'术'可循的。例如，女性视线看到的黄金高度是1.2~1.4米，男士是1.4~1.8米。女性的视觉习惯是从左到右，对色彩的敏感度的偏爱暖色系高于冷色系等。陈列存在于生活的每个角落、每个细节中，樊文花的陈列会作为生活的消费者去体验陈列的感受，用心去体验陈列的货品是否更加易见、易取、易拿。"

2018年4月28日，樊文花30周年，第三次进行店铺整体升级，包括店面设计和空间布局、产品陈列、功能区划分，同时也在门面上换上了新的"专注面部护理30周年"的品牌标语。

新版本的樊文花面部护理体验店，空间大致分为7个大小不同的区域，分别是日常护理区、密集护理区、功能护理区、眼部护理区、体验区、皮肤测试区、美妆区。与上一代空间不同的是，新的空间特别突出了密集护理区和功能护理区，成为主打空间。

这次升级最大的改变在于空间的储存功能，与部分原来的仓库功能融合起来了。如何把顾客已经购买、但是存在店里的产品陈列以及管理好，一直是体验店的一个苦恼之处。现在这些陈列都已经调整好了，在店面已经看不到了，而是统一放在储物间里整齐划一的小抽屉里。每位在店里存货的顾客都拥有一个专属抽屉，更加一目了然，并且干净整洁。

在新的空间里，有一辆面部护理师专用的护理小推车，这辆小推车其实是樊文花自主研发的专利，分布了很多小抽屉，还有可抽拉的小桌板。"在以前的店内，护理师会因为取各种东西而走来走去，这些会对体验护理的顾客产生影响。而这辆推车完全是为了改进我们的工作流程设计的，两名护理师可共用一辆车，现在护理师只需要坐在一边，就可以完成全部的操作。特别是过去的加水、换水、倒水的环节，车里有个专门放水桶的地方。"这辆车的功能挺强大的，帮助护理师提高了效率，减少了人员移动的动线，节约了空间。从这个车的设计专利就可了解到樊文花在专注一件事的时候，可以做到什么程度。

新的3.0版本空间还开始从视觉体验的角度提出更专业的要求，现在负责这一部分工作的是"用户体验优化师"江小燕。"我在研究每个进店的顾客在看到什么信息的时候，会停下来想了解产品，例如1到10号产品，是突出数字1到10，还是突出效果，还是突出原材料，都是我调查的内容。"

2. 始终遵循的护肤品陈列黄金标准

樊文花的转型升级是模式创新。在美容业樊文花曾多次获得行业的奖励，成为标杆企业。面部护理体验店的业态在国内是首创，每个细节都得自己探索，因此在一线积累的经验就显得非常宝贵，包括店铺陈列这个部分。

樊文花面部护理体验店定位于专营店，即只经营樊文花自己品牌的产品；在店面陈列上，自2014年开起第一家店面以来，已经经过从1.0到3.0版本的升级。

樊文花根据美国波士顿咨询公司的产品分类组合分析法（PPM），将专营店里的护肤产品分为四大类别：

（1）明星产品。能盈利的新产品一般是指新上市、有卖点、有潜力的护肤品，比如在夏季来临时新推出的美白防晒产品，秋季到来时新推出的补水保湿产品等。

（2）现金"母牛"产品。在现阶段销量最大、利润最大、出货最快的产品，能够迅速为专营店回笼资金，保证专营店现金流运转。这个视每家店具体的单品销售量可能有不同情况，有的可能是某款面膜，有的可能是某个膏霜，有的可能是原液一类的。

（3）问题产品。一方面是指有残缺（包装）的产品；另一方面是指正在逐步走向衰退的产品。

（4）"瘦狗"产品。已过成熟期的产品，即市场已经淘汰的产品，或者是一直积压、需要清仓的产品。

虽然樊文花的面部护理体验店有自己专营的特色，但依然有些放之四海而皆准的规律，以下是樊文花店铺管理一线团队总结出来的"11条专营店应始终遵循的护肤品陈列黄金标准"，全文呈现如下：

（1）从对顾客的方便性上来讲，对销售快、价格高的"现金母牛"产品，要做三个"到"——轻易看到、轻易找到、轻易拿到，以此促进顾客能够更容易购买。

（2）从比例上来说，销量最大的"现金母牛"产品的陈列面积应最大，以保证其销量最大化。

（3）"明星产品"要尽量集中陈列在产品柜的中上位置，给人以突出、醒目的视觉感受，从而利于新产品的推广。

（4）陈列产品的品类尽量做到齐全，SKU的数目要充足。俗话说"货卖堆山"，产品齐全永远是对的。当然，里面衬托的产品也许占的比例很多，门店要慎重安排这些衬托产品的库存以及陈列牌面和陈列位置。这是商品陈列的规律，货要堆得多而饱满，通过这些销售手段来使货品销售得更快。另外，货品的丰满陈列还可以刺激顾客的消费欲望。

（5）货品的品类集中是陈列的关键手段，以此带动联动购买，即系列产品（补水保湿、美白祛斑）要集中摆放。

（6）按固定顺序摆放，形成视觉冲击力。也就是说，在视觉上不能平淡，必须要有一定的视觉冲击力，让消费者的"瞳孔放大"。

（7）产品包装正面必须朝外，这样才能将货品的信息或促销的信息传递给消费者。要让消费者第一眼就能看到产品的促销信息，必要时需要配合 POP（卖点广告）的陈列以及其他的陈列道具。

（8）干净、卫生、完整无缺。从细节入手，保持产品包装整洁，做到无破损陈列，包装签全部正面陈列，价格签需要统一放在商品的最左边；门店还需要及时整理摆放凌乱的货架；赠品尽量捆绑在商品的统一位置，捆绑赠品的胶带尽量少覆盖产品包装等。

（9）货品先进先出原则，以保证产品的新鲜度为前提。因为随着产品的不断销售，黄金位置上的商品陈列会被打乱，每天的销售高峰过后，建议门店在时间允许的情况下，能对货架的商品进行陈列调整，以保证第二天营业之前将产品按销售需求重新陈列。

（10）陈列面的展示。商品的陈列面就是企业品牌形象的生动展示。强调促销陈列就是强调陈列的整体暗示信息，包括品牌的知名度、促销的力度、价格的实惠、产品的质量等，因此，促销陈列的单品应尽量保证少选品、整洁排列、陈列面足够，这样才能展示出促销商品的氛围。

（11）以陈列名品的手段推动与连带其他终端品项的销售，或拉动消费者的进店率。樊文花的"明星产品"和"现金母牛产品"就是名品，所以应该在最好的位置上陈列畅销名品。因为流通的名品就等同于免费的广告，能直接通过品牌商品吸引目标消费客群。如畅销的面膜应陈列在货架最中心的位置，必须保证顾客能直接看到且随手可拿。有些店在最好的位置陈列高毛利的产品，而名品则放在一些角落位置，这种操作手法并没有起到吸引顾客的作用，反倒把重点突出的名品给忽略掉了，导致这些高价且知名度高的商品流失一部分销售机会。

护肤类别属于相对有规律性的陈列品类，一般护肤品的品类在专营店里的销售占比远大于洗护产品，也是专营店利润的主要来源。

好的陈列不仅是突出货品、吸引消费者，更希望通过突出货品来有效刺激或者创造顾客的购买欲望。陈列目标与销售目标具有高度的一致性，都是为了达成销售。樊文花曾在某门店做过试验，将重点推广的护肤品陈列在黄金货架区域，这种做法能让这些单品提升18%的销量，再配合特价或折扣的POP，还可提升23%的销量。

综上，陈列的规则是：迅速淘汰、处理掉"问题产品"，让"明星产品"转化成"现金母牛产品"，保证"现金母牛产品"不受冲击；适当保留"瘦狗产品"，作为打价格战攻击对手的武器和成为"现金母牛产品"的防火墙。

如果专营店只有单系产品，应根据市场实际情况，以单系产品的各型号产品的成本与利润关系进行组合；或根据市场前景引进新产品，创造新的"现金母牛产品"和"明星产品"。

3. 最关键数据：单店销售6万元达标

王国鹏说，樊文花面部护理体验店如果单店做到每月6万元的营业额，那么会有20%的纯利润。就是说，扣除了全部成本之后，一家店每月可以为加盟商带来1.2万元的收益。这个数字对于三四线城市的加盟商来讲，是颇具吸引力的。

所以，6万元就成为每家店每个月努力达到的营业指标。

2017年2月18日，在樊文花总部举行的为期三天的"管理人《极致目标管理课程》会议"明确了截至同年6月30日，全国单店单月营业额6万元的目标。对于很多营业额不达标的分店来说，要在100多天的时间里拿出这个业绩，挑战不小。

樊文花江苏分公司总经理李文元分享了南京万尚城店，如何用半年实现单月营业额超过6万元的冲刺过程。

南京万尚城店刚开业第一个月只销售了1.6万元，之后平均每月也就不到4万元。因为有了总部发出的目标要求，单店在目标的管理上就更加落地。店铺制订出具体的行动计划，经过半年的摸索，终于达成6万元的目标。事后，李文元总结了5个经验。

第一，重视团队建设。"这家店本来是店长一个人自己在做，因为她的要求太高，所以没找到合适的伙伴。后来因为商场调整位置，从原先人气不是很旺的位置调到了一个客流量相对大的地方，售后变多，售前新顾客和流动顾客更多。店长这才急了，眼看着那么多潜在客户流失，售后顾客由于服务跟不上也在流失，于是调整招人策略，降低用人标准，由 1 个人加到了 4 个人，店铺有了人，氛围就出来了。这个是店铺发生转机的第一步，就是有了团队。"

第二，建流程。"店铺人员到位后，这位原先就是 A 类店的优秀店长的管理能力就发挥出来了，在店铺顾客的销售流程上建立起了她自己独创的标准。针对新客做极致体验，针对老客做方案推荐。因为有团队，面部护理师又力出一孔，店铺的销售氛围就带动了起来，业绩也就顺理成章地提升了。"

第三，加强派发和体验。"店长有一句话体现了她的管理有方：就是要让美容顾问一直处于忙碌状态！要忙着预约老顾客护理、打扫卫生、整理货架、楼层组队分批次派发、鼓励老顾客带新顾客（成交有奖励），同时利用好店铺的专业服务宣传，并结合季节性提出更能符合当地特点的护理方案……让顾客感受到店铺的用心，就更愿意接受产品和服务。"

第四，目标的制定和分解。"首先把月目标分解到每一周的每一天，周一到周四每天 1000 元，周五 3000 元，周六 5000 元，周日 4000 元。再制定硬性指标：每天每位护理师成交 1 位新顾客，客单不要求。"

第五，过程管理。"每天要记录数据和分析数据，帮助伙伴们成交；同时要分析没有成交的原因，并给出方法。要让每个伙伴都能出业绩，能够达成目标找到成就感。"

李文元最后说："这名店长在这个过程中，先有选择樊文花的盲目乐观，后有在过程中的挣扎和困苦，但她最终还是突破了自我，勇于改变思路，从组建团队开始到过程管理不断提高，完成了从一名优秀的店长到一名优秀的老板的蜕变。"

樊文花的每一家店都在默默进行着各种思考和创新，真正形成了百舸争流的气氛。若一家店的单月营业额能实现 6 万元的目标，那么一年基本上就都达到百万元的营业额。这就是总部提出的"店店百万"的目标。这个目标已经在樊文花公司深入人心了。

当然，6 万元只是一个基础目标，实际上，樊文花总部是希望超过 10 万元，甚至达到 15 万元、20 万元的目标。

2017 年 4 月 28 日开始的樊文花首届面膜节，短短 6 天时间，全国 1920 家门店的销售额就突破了 1.8 亿元，平均单店业绩超 10 万元。这样一份成绩单，对全体一线樊文花人也是一种鼓舞。

实体经济，业绩为大。单店的目标能否实现，影响深远。其意义正如陕西分公司总经理卢滔所讲的："因为单店是我们最小的经营单位，单店的盈利能力和可复制性决定了整个市场能否健康、可持续发展。"

樊文花浙江分公司总经理张平对单店与整个片区市场的关联关系就深有感触："一旦单店业绩不理想，员工收入不高、流失大，各种问题就出现了。经过思考，我们确定了先把一家店做起来，打造一家标杆店铺，然后带动其他家。于是我们集中所有人力物力做龙湖天街店，从最初的 5 万元，再到 10 万元、15 万元，目前龙湖这家店的业绩基本维持在每月 13 万元左右。龙湖天街店的成长坚定了所有人的信心，让大家看到了希望，整个片区的店铺人员逐步稳定，市场也向良性健康的方向发展。"

但是，半年达到 6 万元的月营业额，在王国鹏总经理看来其实是还不够的。因为他希望达到的目标是"100 天创造一家百万店"。

樊文花说："老实说，我并不担心樊文花开店的增长速度，反而更关心单店盈利能力的增长,这才是我工作的重心。"因此在 2017 年,樊文花几乎所有的项目都是围绕面部护理体验店盈利能力的提升去做的。

"上周五与樊文花标准化小组伙伴完成'30 分钟极致体验'专项会议的第三次调整,周六与顾问公司及项目小组的伙伴召开'标准化建设及公司重点项目'会议,周日去西安参加陕西分公司'百日攻坚,单店百万'誓师大会,月底与我们的供应链总监又马不停蹄地飞赴韩国了解国际最新、最前沿的美业动态……"这是樊文花 2017 年 8 月间的工作状态。

单店每月 6 万元,全年 100 万元,这成为公司上下统一的基础认知,日日讲,月月讲,管理层再全力给予指导和支持。结果就是,这两个数字在每个人心里都逐渐成了烙印,成为每家店铺并不难做到的业绩。

4. 每家门店的数据化管理

关于樊文花的门店数据化,先看一下樊文花重庆分公司总经理张奕在 2017 年 1 月总结工作汇报上的一段文字:

"1 月工作业绩分析:2017 年 1 月总目标 235 万元,正常营业的店铺有 50 家,1 月完成营业额 6 万元以上的店铺 8 家,达到 10 万元的店铺 4 家,平均单店业绩 8.1 万元,1 月店铺业绩比 2016 年 1 月同期增长了 100%。"

"重庆区域 1 月新增会员 949 名,其中乐享 583 名,尊宠 80 名(注:乐享和尊宠为会员不同级别的称谓),准会员 286 名,老会员和新会员各占总销售额的50%。会员管理尤为重要，在区域内，所有店铺将对会员进行阶梯式管理，把会员分为ABCD四个阶梯：A类会员为尊贵会员，每周到店次数为3~5次，年消费额在5000元以上；B类会员每周到店次数为2~3次，年消费额在3000元以上；C类会员每月到店4次，年累计消费2000元以上；D类会员为我们的准会员，也是每个月重点的工作，就是把准会员服务成我们的C类会员，再逐月提升。要求每月都对会员进行统计、分析。"

"重庆区域单品销售前3名，第一名是1号面膜，销售额211 197元；第二名是7号面膜，销售额155 494元；第三名是2号面膜，销售额144 970元。从单品分析，前三名单品的功效都是补水、保湿、抗衰，正适合冬季的需求。"

这短短3段文字包含了丰富的信息，从销售状况到分析，再到工作方法，应有尽有。通过数字的统计，让整个团队都明确了工作目标，并且知道了优势及问题分别是什么，从而有针对性地继续提高工作效率和经营目标。我们会看到，整个店铺从经营效果到团队都在具体地成长。

不管是新零售还是旧零售，客户数量、客户数量增长率、频次、客单价、交易转化率、流程效率、客户自发分享率、营收增长率、库存周转率、现金流周转率、人效、坪效、毛利等指标，都是最关键的指标。

线下零售结合技术，可以像电商平台一样，精准监测关注人数、到店人数、体验人数、交易人数、分享人数，然后反馈到零售经营层面。

重构的背后，是客流、商品、订单、支付和会员 5 个核心商业要素的数据化。○

樊文花不具有电商基因，也不是互联网公司，对于数据的管理是从传统门面开始的，3000 多家门店的数据分析工具还在紧密筹备之中。

从分肤开始，10 种肌肤问题，10 种解决方案，樊文花就已经在将产品和用户细分。每一家体验店的客流和销售转化产生大量的数据，这些反过来将对产品的研发和生产加以指导，从而更精准地服务用户、减少浪费、提高效率。

零售业通常用"坪效"来衡量运营效率。坪效做得越高，经营效率就越高，盈利能力也越好。坪效就是门店每平方米每年创造的收入。用一个公式来表示，就是：

$$坪效 = 线下总收入 \div 单店总面积$$

樊文花面部护理体验店的坪效，参考上文所列举的重庆分公司的数据：单店月营业额平均为 8.1 万元的话，全年就是 96 万元；体验店的面积一般在 25 平方米左右，那么粗略地计算就可以得出樊文花重庆分公司单店的平均坪效为 3.84 万元。

这个数字已经超出了国内零售卖场的平均坪效 2.5 倍。根据华泰证券的研究报告显示，中国零售卖场的平均坪效大约是 1.5 万元。这个数字这已经是零售行业中无数企业、无数聪明人，在他们力所能及范围内，无数次优化的结果了。

○ 翁怡诺. 新零售的未来：零售连锁巨头的进化之道 [M]. 北京：北京联合出版公司，2018.

而樊文花似乎已经有了较好的坪效成绩。话虽如此，樊文花的坪效上升空间依然很大，依然有很多的想象空间，因为樊文花还有年营业额超过200万元的单店案例。

根据2017年7月相关调研公司的数据显示：在美国，卖手机卖得最好的苹果专卖店，坪效是40.2万元人民币；卖酸奶冰淇淋卖得最好的Reis & Irvy's，坪效是28.8万元人民币；加油站便利店开得最好的Murphy USA，坪效是27万元人民币；卖瑜伽及户外服装卖得最好的Lululemon Athletica，坪效是11.3万元人民币。再来一组国内的，盒马鲜生上海金桥店2016年全年营业额约2.5亿元人民币，坪效约5.6万元人民币，大约是同业的3.7倍。

等樊文花的线上店也开动起来，相信坪效仍有大幅上升的机会。

王国鹏说，当樊文花面部护理体验店开到一定数量，销售额需要达到更高目标的时候，线上店在某个时间点就可以完全做起来了，因为到那个时候就一点也不难了。

实际上，现在樊文花面部护理体验店的供应链还在完善之中，有些产品已经是供不应求的状态，总部正在建立管理系统，将体验店采购的数据分析联网，以便指导生产，更加科学合理地扩大产能。"我们现在是根据体验店过去的历史数据加以判断，以后应该是可以做到提前两个月了解店里的需求，然后再在这个基础上增加一定比例进行配货。我们还会建立一个内部交易平台，让各店在上面调货。这个是为加盟商服务的，将来还会针对顾客私人定制套餐产品服务。"王国鹏说。

"我们现在确定的原则是，樊文花如果做线上店，一定要保证把线上店做成'大家的'电商，而不是樊文花自己的电商。"

关于樊文花的新零售中线上店的这个部分，王国鹏计划的做法是，把线上店的经营权和业绩都分到各个体验店，"等于是所有店铺的顾客都可以在线上下单，业绩全都转到体验店里。我们不赚他们的钱，只收物流费和产品成本，这个会成为店铺收入增量的重要组成。"

樊文花可以这么做的原因是，有些顾客完全可以买了产品回家自己做护理，这部分顾客只需要送货上门就可以了。

"所谓的新零售，我认为未来应该是1+1+1，即社区店+商场店+线上店。"薄晓波说，"樊文花电商主要是在天猫。未来要是打通线上，目标也是为线下铺垫，而不是抢线下门店生意，一切都是为我们的终端门店做支持和引流。我们的思路是支持并帮助门店，最终把客户引流到店。即使直接去针对C端的时候，也是为了支持B端。我们一切以B端的利益为中心，因为B端在帮我们扩大化。"

樊文花的新零售计划将给已有的加盟商更多的优先政策，"因为这些人一路支持我们、追随我们，见证我们成长，我们有好处的时候，不能忘记他们。"

"因此，现在我们给这些加盟商规划是一人开三家店：社区店即质量店，做品质服务；商场店是流量店；还有一家线上店。比如说我是一个老板，在万达广场有一家店，目前开了两年，客户积累非常多，但因为客户服务跟不上，每天排队，客户的口碑比较差。这时候，我要在距离商场店最近的社区开一家门面店，会把这里的品质客户分流到社区店里面，享受高端的社区性服务，空间大，服务的品质高。而商场不是你想要多大，就给你多大，而且成本也高。第三家店是让店家再开一个线上店，1+1+1，还是和他们有关系，我们的利益一定以他们为中心。"

樊文花希望一个合伙人三家店一起开，吃饱、吃足一点。

"人家起初的时候选择信任我们，我们是相互信任地合作一辈子，不是信任地合作一个阶段。樊文花有句口号，大家爱喊'好伙伴一辈子'，我们每天都在思考怎么与大家合作得更长久，无论是内部的伙伴还是外部的合作伙伴，都是这种思维导向。"薄晓波说。

体验式零售

七、从100名到10000名店长

"遇见樊文花，加入樊文花，是我最美好的缘分和最正确的选择。加盟樊文花，我才会如此自信和开心。这一年多我并没有多少休息时间，也没有好好地陪伴过父母和儿子，因为3家店都是我亲自管理，自己做店长，什么事都身体力行，给伙伴们做榜样。一年365天，我几乎天天在店里为顾客服务。别人说看着我都觉得累，其实是很累，但更多的是满足和开心，因为我喜欢，也因为我愿意做这件事，并且想把这件事做好。"

"樊文花已经不单单是我的事业了，更是我命运的转折点，它改变了我，让我变得更加成熟、更加坚强、更加有责任感。"

——河北石家庄北国超市简良店店长 姚源

"2015年8月，偶然的机会我结识了樊文花，樊文花企业管理与生俱来的文化背景和营销模式深深地吸引了我。它打破了传统美容行业经久不变的推广模式，通过以服务为宗旨,以顾客为主导,以售后带动销售额的理念持续领跑着这个行业。三位一体的攻略使我在不到一年的时间里,就从月销售额4万元的小店铺成长到现在成为全国优秀标杆店铺,使樊文花在乌兰察布市这座小城市传播开来,口碑俱佳。"

——内蒙古乌兰察布市集宁奥威购物广场店店长 杨丽娟

1. 种子加盟商:最早的100名店长是怎么来的

樊文花面部护理体验店之所以第一年选择自营模式,主要还是因为没有人相信这个新生事物,包括樊文花公司内部的大多数人也都有这种想法。

这种类型的创新店铺,樊文花本人也没有做过,也不知道能否一战成功,只能邀请身边最亲近的人来做小范围试验,因为这样才能将沟通成本及时间成本降到最低。

为了稳定军心,樊文花早早就向所有原美容院业务线的参与者提出了"兜底"方案:体验店如果亏本,所有亏本数额都会由她本人自掏腰包解决。

前100家店的店长中,大概三分之一是樊文花的亲戚朋友,三分之一是以前美容院的美容导师;随着店铺的发展,慢慢又有三分之一来自于最早的十几家自营体验店的顾客。

"2013年的时候，面膜已经很火了，市场也已经出现了单品牌专卖店的苗头。樊文花在山西太原的第一批店都只有9平方米、15平方米左右，租金成本低，基本上很容易存活，开着开着大家就感觉还不错，美容院的美容导师手上也积累了一点资金，开小店又不用什么大钱，所以就有越来越多的人想来开店了。"

"一开始，樊文花并没有公开招商、加盟，都是熟人传熟人，是一种很自然的发展状态，到2014年才开始变为以加盟为主。"薄晓波介绍说，"第一批的一线队伍其实就是本能被唤醒了，大家都有做美容院的基因，有技艺和手法，为了更好地吸引顾客，从卖面膜到免费护理，很快就跨越了过来，慢慢就形成了樊文花现在'产品+服务'的模式。"

原樊文花美容院的导师张书青成为山西第一批店长之一，她回忆道，"那个时候并不知道未来会怎么样，只想着不能辜负领导的期望，于是做好业绩就成了我当时最重要的目标。至今我都很清晰地记得我们富百家店开业第一天，第一位顾客就成交了746元，在当时的日化行列中，樊文花还是一个新面孔，这么好的开门红，那种心情比什么都激动。"张书青的店第一个月就完成了3万多元的销售额。

刘秀莲是薄晓波的同学，一起从农村出来找工作，之前是做手表生意的，但行业不景气。2014年刘秀莲和薄晓波见面，去樊文花刚开不久的体验店免费体验。"薄晓波后来的一句话让我激动了半天，她说樊文花准备做加盟，当时我就说我要加盟，她笑着说，我可不给你做。我说我是真的想做，她说她也是真的不想给我做，说目前在探索期，给我做了她有压力，万一我做不好赔了钱可咋办呀！但我也特别执着，之后的好几次我找薄晓波做了深入沟通，在了解了我的诚意和坚持后她才允许我加入。"刘秀莲后来成了樊文花全国10大优秀加盟商，在山西太原拥有4家店铺。

杨楷之前经营一家小日化店，正好在太原拆迁范围内，只好到处找新的铺面，无意中看到了樊文花在城市广场的体验店，于是他找到薄晓波聊了很久，在2013年10月毅然亏本甩卖了旧店的货品，向银行贷款9万元，与妻子一起加盟了樊文花。现在，杨楷已经在太原拥有7家店铺了。

张绮容1995年就加入了樊文花，是拥有超过20年资历的资深员工。2006年，她从山西调到广州，参与了2013年4月广州第一家体验店花都来又来店的筹备和运营。"刚开始一年多的时间走了很长的一段弯路，那个时候樊总经常带着我们没日没夜地开会讨论。"

"正式运营后，真正考验我们的时候到了，新的商场、新的品牌，我带着新人每天面对的是一线城市的冷漠，派发面膜时别人都是冷漠地走开，记忆最深刻的就是很多空姐进来逛商场，不管我多么专业地解释，多么细心周到地为她们做免费服务，可人家拿起面膜看到后面的生产场地是广州花都就会不屑地拒绝，说：'广州花都的呀，我们都不用国产品牌。'当时真的很难过。"

"来又来店做了一年，第一家店打版各种费用居高不下，所以根本没有赚到利润。在此期间，身兼数职的我还要规范建立各种连锁标准，同时还要完成培训和带其他区域培训老师的工作……从樊总到所有同事的压力都很大，有时为了完成一项工作都是通宵加班加点。"张琪函说。

"也许只有你真正经历后才知道坚持是多么重要，那时的我们就是一群为了梦想而执着奋斗的伙伴，所以那段经历也让我把身边的每个伙伴都视如生命。"

这些就是樊文花第一批店长的故事，在最早的一两年，樊文花的面部护理体验店并没有什么鲜花与掌声，都是在不断地打磨模式，没有利润，甚至在那个时候还看不到未来，有的只是互相信任，互相鼓励着坚持下来。

在体验店最初的阶段，就是靠着这样一批无条件相信樊文花事业的老伙伴们，坚持着做了下来。很多创业公司，最令人发愁的就是能否找到一群可以背靠背、完全互相依赖的伙伴。而在樊文花，都是靠着樊文花的个人魅力，把早期的第一批骨干伙伴们聚拢了起来。

直到开了近100家面部护理体验店，樊文花才开始有了蓬勃发展的迹象，这个时候，更多的人才开始加入进来。在这些新的店长中，最宝贵的莫过于从体验店里的顾客转化而来的店长。

"现在体验店店长团队的新旧构成上，已经有70%以上都是全新的成员了。这个团队的重建是从2013年开始，大概用了5年的时间。"负责人力资源的吴坚介绍说。他来樊文花之前，是做母婴连锁行业的，他在负责人力资源的同时还做过樊文花一段时期的助理。

樊文花面部护理体验店开到了100家之后，樊文花才有了安全感，"我知道'面部护理'这个位置我们已经占住了，别人再怎么弄也弄不掉了。"

2. 让顾客变成加盟商，樊文花做到了

姚源，2015年夏天逛街的时候，因为好奇，微信扫码免费体验了一次樊文花面膜，当即加入了会员，后来一直坚持使用樊文花面膜。2015年冬天，因为到店里看到贴面膜的顾客很多，每次都需要排队等待，于是就想为什么自己不开一家这样的店呢？

就这样，姚源成为樊文花河北石家庄北国超市简良店的加盟商，目前经营着3家店，自己亲自做店长。"因为我喜欢做这件事并且想把这件事做好。"

李清红，加入樊文花之前，和老公在山西大同经营着一家汽车装饰店，在逛街时体验了樊文花的产品后，成为加盟商，现在负责内蒙古集宁地区的5家门店，管理能力更是突飞猛进，有3家店月平均销售额在14万元以上，还有两名店员的个人业绩排名全国前10。

刘鑫，之前一直是鲁能贵和商场的总经理助理，在贵和商场3楼体验了樊文花产品之后被吸引而辞去了已工作7年的高薪且稳定的工作，2016年12月加入樊文花，成为济南分公司CCPARK店的店长。

郝珍珍，2015年4月因为偶遇樊文花在唐山的首家店远洋城店开业，出于好奇领了免费面膜，一年后成为唐山八方店的店长。

在樊文花的加盟商里，类似这样从顾客变成加盟商、自己担任店长的人不在少数。樊文花可以说是牢牢地抓住了这些女性的心，从对美的追求，到对创业发展的追求，都在吸引着她们。

"开樊文花面部护理体验店的人大多是没有太多创业经验也没有多少

积蓄的年轻女孩子。她们大部分是从一个顾客的身份开始认识樊文花的，因为觉得产品好，觉得模式也不错，就花一二十万元人民币来申请加盟一家樊文花店。"王国鹏总经理介绍。而樊文花也确实努力做到了让这些年轻女孩子们走上了成功致富的道路。

更重要的还是，樊文花让这些年轻女孩的人生发生了重要改变。

太原下元商贸店的吴艳芳，之前是一名企业的工人，加入樊文花被她认为是一次重要的改变命运的决定。"回想几年前的那个夏天，我还在太原一个事业单位上班，每天过着枯燥乏味的生活。"而现在，她每天都为自己喜欢的事情而忙碌，积极上进。

陈瑞霞，呼和浩特市集宁奥威购物广场店的美容顾问，之前因为脸上长了很多痘痘所以很没有信心。"樊文花不仅给了我稳定的收入，还让我重新找回了自信，我愿意为我热爱的事业继续努力。"樊文花从外到内改变了她。

河南汝州加盟商盛延晓，在樊文花的收获则是全方位的。"短短的两年多时间，我不仅拥有了一份美丽的事业，还得到了老公的支持和认同，同时拥有了一支强大的团队，得到了同行的崇拜；也使儿女们有了自豪感，因为他们的老师也都在用着樊文花的产品。"

"来樊文花之前，我觉得女人只要有个工作就好，别懒在家就好。哪知道自己与樊文花有了这样的情缘，这改变了我自己对未来的认识。感谢樊文花改变了我，感谢团队历练了我。是樊文花让我变得优秀、变得积极，这不正是人生吗？"何梅说，她也是抱着试一试的心态用了樊文花的产品，后来成为重庆龙湖时代天街店店长。

逛街时无意了解到樊文花，后来成为山东济南济阳好又多店店长的加盟商刘燕的体会也很深:"在加入樊文花这个大家庭后,我感觉特别踏实,不再有悬空的漂浮感,这里就是我的家,顾客就是我的家人。我们如春蚕吐丝般,尽力去奉献一丝一缕的力量。在我们和顾客之间,不仅有生意,还有真诚的友情,甚至亲情。"

程娟用"生命的转变"这5个字来形容自己的收获,她在西安市长安区拥有两家樊文花面部护理体验店。"我为自己感到骄傲,因为店铺的利润还不错,目前已经全部收回了两家店的前期投资,单纯从创业项目上来看,我做的是非常成功的,当然这些只是外在的变化。最大的变化其实是心境,在家做了7年的家庭主妇,很多时候都会自我怀疑:我是不是已经与这个社会脱节了?但没想到的是,我能凭着一股闯劲,取得了这么好的成绩!"

"我喜欢这个企业,我也喜欢我现在的一切,我只想说,如果想要一次华丽的转身,就要拿出自己的状态,任何人都不是天生的弱者。特别是女人,不是注定就要坐在家里当家庭主妇的,做精致女人,不仅仅是皮肤好,穿着光鲜靓丽,还要展现由内而外的气质和积极向上的态度,只有这样才能收获幸福!"

"樊文花让我更有女人味,更加自信。"孙安萍之前从事手机销售行业十几年,对化妆品完全不懂。而且她皮肤很敏感,因为用错产品,造成两个脸颊往外流黄脓,从此以后不敢乱用化妆品,后来在朋友的介绍下,使用樊文花的面膜完全改变了自己。"我现在皮肤很好,有光泽,水水嫩嫩的,气色特别好。"孙安萍最后甚至辞去了收入不错的工作而加盟樊文花。

以上选的这些内容听起来很像广告语,但的确是樊文花人的真实感想，因为这些话并不是在公众场合说出来的，也不是销售时用的宣传品，而是在只有很少人会看到的《樊文花人》这本企业内刊上发表的。

这足以说明，樊文花把顾客变为加盟商，不仅是因为利益关系，更多的还有女人对自己美的转变的高度认同感和信服感，从而愿意加入到这个模式中来，向更多人推荐这个产品。

她们的亲身经历更增添了品牌的说服力。

薄晓波分享了她在山西、河北、内蒙古几个省、自治区的所见所闻，"我们基本上没有召开过一次招商会，20%的店铺来自于内部伙伴，伙伴们开店感觉好，他们也能够看到业绩，基本上就回各自的老家去开店。"

内部伙伴即那些在樊文花公司里面上班的员工、门店的面部护理师，还有在分公司上班的伙伴的家属，以及美容院的伙伴、内部员工，他们之中有些想自己创业、想出来开店，这是和樊文花有直接关系的。另外一些是这些员工的家属开店，比如说谁的同学、姐姐、妹妹，这样就开了，这些人员开店的比例占总店铺数量的20%。

此外80%来自于用户开店。"这些用户用了产品之后觉得好，然后来咨询，首先还是她们用了樊文花产品，觉得效果很好，模式也很喜欢。例如有一位用户是导游，在外面风吹日晒，她也很美，但她的脸部很容易过敏，试用了我们面膜后，基本上不过敏了，还把她的过敏肤质给调好了，于是她就不干导游了，而是加盟了我们的店。"薄晓波说。

"顾客开店让樊文花得到快速增长。顾客来开店只有一个原因，就是产品好！她们并不懂什么商业模式之类的，有些甚至连商场管理部门的门都找不到，但她就知道产品好，愿意加盟。"王国鹏说。他在樊文花主导的加盟店方法，其中一个重点的工作就是如何把顾客转化为加盟商。

从直营店到加盟店，樊文花其实也是默默地做了一次调整，即从挖掘员工资源到挖掘顾客资源。这也是品牌扩张过程中的一个必经之路。

3. 直营店是干妈，加盟店是亲妈

在此，需要特别说明一下，樊文花面部护理连锁店的运营管理模式其实分为"直营店"和"加盟店"两类，目前两个模式在并轨发展着。

一开始的时候，樊文花是以直营店为主，后面就开始用加盟店模式了，但还是保留了直营店。两类店有不同的扩张模式以及激励机制。从地区区域来划分，可以按省份大致界别，例如山西、内蒙古、新疆、山东、河北等地是以直营店为主，陕西、河南、江苏、浙江、四川等地是以加盟店为主。

两类连锁店在外部看起来，产品和服务并没有什么差别，但经营团队的所属关系完全不一样，管理和激励机制也不一样。

不过，樊文花的店铺类型管理比较开放，例如在上述这些地区内也不完全绝对，也会有两种店同时存在的情况。两种类型都是在实践中闯出来的方法。

张书青在2013年樊文花体验店刚刚起步的时候，是第一批直营店的

店长之一，她亲身经历了樊文花面部护理体验店制定各种标准流程的过程，这些工作流程包括接待流程、体验服务流程、派发流程、疑难问题解答的专业话术及标准的流程等。其实，在公司推出加盟制度的时候，一直有创业梦想的张书青就开始心动了。

她同时也发现，许多加盟店在流程的执行过程中出现了各种问题，作为最早的直营店店长，她就想从直营转去做加盟，"我要把最标准、最规范的模式复制到市场中。"当她把这个想法告诉薄晓波时，得到了大力的支持。

很快，有想法有行动力的张书青就开起了4家有股份属于自己的加盟店，成了一名扎扎实实的创业者。类似张书青这样的人，在樊文花内部为数不少。

樊文花其实是鼓励原来内部伙伴转去做加盟商的，这个结果其实对公司也是利好的，这也是一次最佳的团队优秀能力迁移的方式，节省了团队培养的时间成本，并给加盟商带去了丰富的专业经验。因此在机制方面，总部给出了非常灵活的管理思路，尊重并助推这些伙伴自发转去做加盟商的行为。

这就是樊文花的另一个特点，让伙伴（员工）成为加盟商。这是樊文花在当前传统企业组织结构变革下带来的一种思维创新。

樊文花能做到这一点，离不开前面20多年的行业人才积累。这一批当年的技术骨干，如今年富力强、责任心强，对生活、对家庭都有美好的愿望，愿意全身心地扑在一个事业上，而多年服务、信任的樊文花就成了这批人的终极选择。可以说，这是传统企业樊文花坚持30年积攒的福气。

樊文花也请来了专业的股权合伙咨询机构,设计了非常完善的激励机制——店长作为股东的合伙加盟模式。

这一批从原来的直营店店长或美容院美容导师转型而来的加盟商伙伴,改变的只是收益的分配方式,在"编制"上其实仍是樊文花的嫡系部队。只不过她们的作战积极性更强,能力也可以最大化地发挥出来。如今他们都为樊文花面部护理体验店的开疆拓土立下了汗马功劳。

关于这两种连锁店模式同时存在的情况,王国鹏站在一线伙伴的角度,提出过一个让人耳目一新的说法:"直营店是干妈,加盟店是亲妈。"这似乎是把两者的角色反了过来,但细想却是很有道理的。

"我经常跟大家说,你是店的妈,店是你的庙。"王国鹏形象地说,"你要在这个庙里修行,要认真、诚信、坚持、仁爱、合作、奋斗,因为你认同它不等于你拥有它。你要虔诚地对待每位顾客,才能做到生意兴隆。"

总部负责人力资源的吴坚这样介绍"干妈"和"亲妈"的关系:"在总部这边,樊文花还是以加盟为主。管理加盟店和管理直营店是两回事:管理直营店要管到一线店铺所有的细节,管理加盟店主要是以落实加盟政策和日常管理为主。直营店的作用主要是打样板,而且规模会控制住,不会扩张。总部不会刻意地关掉直营店,但会逐步把一些店转为加盟店。"

樊文花有一个奇特的现象,就是大家都明白即使店铺的地段、位置不好,面积小一点,只要人选对了,也可以有很好的业绩,因为真实的标杆就立在那里,所以就会朝着榜样学习,更努力地去创造更好的业绩。

"就好像是大家都是同一个班上的学生，由同一批老师教，用同一套课本，都是写同样的作业，为什么有些人考 90 分，有些人考 60 分？"在这个逻辑下，只有反思自己的方法和努力程度了。

一家店是如何通过找到"亲妈"来获得活力的呢？

吴坚以一家店为例："首先，合伙人伙伴会亲自去做一线的工作，因为她投了钱又热爱这份事业，所以上手很快，她把自己做成标杆，在店铺还没有店长的时候可以自己当店长的角色，又可以带出团队，这样慢慢培养出新店长。通常店铺业绩不好，一定是跟人有关系，全国这么多店铺，产品和服务都是一样的，没理由是这方面的问题。营销活动也是一样的，店铺位置好的但是租金压力也大，所以位置也不是关键问题，那就一定是人的问题。在我们这个体系里，人是第一重要的。基本上，只要把店长找对了，店铺的业绩和活力就都上来了。"

"给每家店找到它自己的'亲妈'，加盟商投了钱，肯定就会全身心投入。但对于大的加盟商来说，要开到几百家店，就没有办法都管理到了，所以最好也要找到几百个'亲妈'，这样才使每个人都能管理好自己的那家店。"吴坚说。

而分公司就是在开拓市场时成立的，但也不一定。"分公司的成立有两个情况，第一个是我们打算去开拓这个市场了，主动成立的；第二个是当地有了 10 家以上加盟店了，说明这里的市场有得做了，我们甚至就可以在这 10 家店的加盟商里选拔一个做得好的人，让她来统管这个区域市场。"

分公司总经理的身份也有两种，有的是与樊文花公司有雇佣关系的，有的与樊文花是加盟合作关系。

4. 加盟式托管

直营店的好处是精细化管理，加盟店的好处是快，这是业界普遍的认识。

如何把以上两个好处都兼顾到呢？是否能想到一种新方法？因此，樊文花在加盟模式的设计上，找到了一个比较好的中间道路。

樊文花的做法是，把体验店做起来以后，再让别人进来接盘。

"比如说我去一个城市，会带着200万元资金进去，去了先把办公室租下，招10个店长，我一开就是10家店，大约用3个月的时间把店经营得盈利了，就转给加盟商。我不要店，我就是帮助加盟商做好起步。一个城市做完最早的市场，通过找到加盟商我们把投资收回了，还有小部分利润，然后又拿着这200万元去下一个城市，又能开10家店。"

如此反复，投资成本得到高效利用，团队也是越磨越厉害。"大家开始疯狂地抢地盘，势能就做出来了。"

"我们开店的周期是开店筹备期40天，从开店到卖给加盟商是3个月；一个城市开两轮新店，即开到20家基本上就不用我们再开了，因为加盟商店长已经成熟了，可以自己再开了。"

"我们只需要留下一个人，帮助这个城市的加盟商培养出一个队伍，包括一名培训老师，一个做硬件的，一个督导。我们不留恋哪家店好，因为我们的定位不是开店。我们的定位是上对品牌负责，做规模；下对加盟商负责，做利润。因为分工就应该是这样的定位，一旦到了要我们去开店的时候，就意味着可能要跟加盟商争利润了。"

所以，王国鹏和他率领的"开店先锋""开店专家"团队，就这样快速地孵化出了一个个城市的加盟商，这样的服务没有人不喜欢，因为已经度过了最难的从0到1的阶段，加盟商只需要沿着已有的道路，努力奔跑就可以了。

王国鹏设计的加盟店"扫城式"打法模式快速而且理性，并且没有因为利益关系而拖泥带水。2017年，樊文花面部护理体验店的高速增长跟这个打法息息相关。

"我们开一家店，只要3个月，就算做得再差也有一两百位顾客，如果顾客用了产品感觉好，我们就引导顾客去开店，或者她介绍人来开一家店，这是比较容易的。樊文花开店速度快，就是因为80%都是顾客开出来的店。"因为这个顾客基础、打法和逻辑，王国鹏在开店数量的目标上提出了"百城万店"的口号。

在这个开店的过程中，王国鹏又聚焦到如何提升单店的营业额上，希望通过目标管理，把月营业额从过去的平均不到4万元，提高到最低要求6万元。这些都给了加盟商极大的信心，层层反应下来，又刺激了开店的积极性。

负责人力资源的吴坚说："我们这种其实类似于托管加盟，不像普通的加盟模式。普通加盟可能会管理混乱，反正你怎么卖都可以。而我们的加盟店只能卖樊文花的产品，这个在加盟协议里面规定得很清楚。另外，体验店里的品类结构和收入结构基本上刚刚好，能够满足加盟商的收入和需求，只要投资20万元，快则半年回本，一两年下来你的收入是很客观的，比打工要好很多。"

吴坚也在公司允许的政策下，成为广州5家店的合伙人，亲自培养店长合伙人，他在一线体验着事业合伙人的角色，这让他更加能理解加盟商的喜怒哀乐，从而做好人力资源管理的工作。

5. 事业合伙人制度的探索与学习（上）

河南平顶山加盟商荣红荣和李金锋夫妇在2017年又领命开拓北京市场，李金锋出任北京分公司总经理，要把在平顶山的百万店的经验复制到首都北京去。"我们在平顶山樊文花市场上带出来10个年收入30万元的店长，团队是我们成功的基石。未来，我们在北京市场的目标是开500家百万店，以及培养出500名年收入30万元的店长。"

店长作为樊文花的第一级管理者，成为激励的最重要目标，给到这个目标的权益必须足以吸引到优秀的人，这已经成为公司总部及分公司高度认同的一个道理。

在樊文花的人才体系内，店长一般是从面部护理师升级而来的。樊文花面部护理体验店店长最重要的特征就是她必须是店里面的销售高手，基本上店里面50%的销售是由她搞定的。而且她的手法一定也要好，如果专业不好，就无法一个人卖那么多东西，因此店长基本上是一家店里面的核心销售人员。

"店铺经营的好坏，重心还是要找到合适的人，在不断完善和提升伙伴能力的同时还要制定好的机制和制度，让伙伴们从被动干到主动干，让大家有一个良性的竞争环境。"

樊文花北京分公司的两位总经理李金锋和唐占海，在丰台和谐广场店发现店长和伙伴们的能力都很强,但是业绩一直不理想,人员增加了,业绩却没有提升,团队合作也比较差。最终,该店通过引入事业合伙人的方式才解决了这个问题。

所以,每个店长都是或者都将是樊文花的事业合伙人。店长的能力和素质是樊文花高速发展的保障。在樊文花内部的店铺管理手册里,专门写了店长应具备的能力:

1. 敏锐捕捉顾客消费心理过程的能力。
2. 带领与激励团队的领导能力。
3. 优秀的沟通能力。
4. 优秀的判断与决策能力。
5. 处理危机、解决突发问题的能力。
6. 制定、分解、执行计划的能力。
7. 读懂店内统计数据的能力,经营数据分析的能力。
8. 成本控制的意识与能力。
9. 快速学习的能力。
10. 优秀的时间管理能力。
11. 化妆品专业知识。
12. 任务目标达成的能力与决心。
13. 诚实与忠诚。

还有店长不应具有的品质10条:

1. 不严格管理店员,当老好人。
2. 报喜不报忧。

3. 不改正缺点和不足。

4. 不愿让店内伙伴的成长超越自己。

5. 不会用人所长。

6. 有了功劳和成绩，归功于自己，不与店内伙伴共同成长。

7. 目标感不强，畏难情绪大。

8. 私下批评公司和店主，抱怨他人。

9. 缺乏责任心。

10. 缺乏对顾客的服务热情。

王国鹏选店长则只看三条：

"我选人就是选'三不怕'。第一是不怕吃苦，第二是不怕吃亏，第三是不怕受委屈。只要在店里干上一个星期，就知道是否具备这三个条件。不怕吃苦就是早来晚走，不能当了管理者了就迟到早退；不怕吃亏，我们是免费给人送面膜，免费做售后的，不能只会算小账；不怕受委屈，是指不怕伸出去的手被人拒绝，不怕给人家免费服务后人家不买。"

王国鹏的逻辑是一定要在选人这个环节做足功夫，如果选的人不对，那么所有的努力都没有意义。

关于店长的人选，吴坚也有一个关键指标："在我眼里，不懂得感恩的人是不能要的。就是当我发自真心地对你好，但你还是有很多损害他人的行为，不感恩对方，这种人未来就只能跟他有金钱合作，其他的合作就不必考虑了。这样的人有不少，但我更希望公司里面的人都是有感情的、有价值观的、能够走心的。"

樊文花公司对店长的收入特别关注，王国鹏在做利润分配模型的时候，就是这样设计的："我们规划的新的模式是：以一家普通店为例，一个店长一年的收入不要低于20万元，一个老板（加盟商）一年的收入不要低于19万元。就是要让店长比老板挣得多！"

6. 事业合伙人制度的探索与学习（下）

薄晓波回忆说："我们在开到100家直营店的时候，樊总特别有长远的眼光，把我派到培训机构去学习如何做股改。学完之后，樊总打电话问我学得怎么样，我说这课程太好了！因为学完之后我发现我能找到人，因为我学到了一个招合伙人的工具，我招的不再是为我打工的人了。"

按照这个合伙人的制度，薄晓波拿着每家店50%的股份去找很多老板（合伙人）回来。"这些人分成两种，一种是加盟我们的，成为老板开店；一种是没有钱，到我们店里给老板当店长。结果这些店长来了之后都非常努力，最晚半年都能赚到钱、分到红，于是就拉上自己的姐妹来加盟。"

伴随着新技术的影响，如今的企业正面临一次新的组织关系变革，流程化和管控型组织已死，平台化和生态化组织正在诞生。

樊文花吸引人才、管理人才的方法是先从股权激励开始，赋予加盟商更大的利润分配权和自主经营权。樊文花最初之所以选择这条路，是因为创始人樊文花在企业长期以来倡导的"利他精神"的企业文化，愿意为伙伴让利，让大家有一个安居乐业的环境，从最简单的利润对半分做起，直到后来形成越来越成熟的加盟合伙制度。

在比较过多种事业合伙人的制度之后，笔者发现樊文花的合伙人模式与海尔的"自主经营体"也有很多相似之处。

HR 转型研究专家康至军在 2017 年出版的图书《事业合伙人：知识时代的企业经营之道》中专门分析了海尔的"人单合一与自主经营体"。

"2005—2012 年，海尔组织变革进入新阶段。经过多年时间'市场链'机制，海尔在建立'用户导向型'方面已经有了很好的基础。自 2005 年开始，海尔开始推行'人单合一'的理念，'人'是指员工，'单'则是指用户，'人单合一'就是员工给用户创造价值的同时实现自身价值，达到双赢的结果。在人单合一的管理实施过程中，海尔的指导思想是对外创造用户价值，对内把大企业变小，让每位员工都成为 CEO。"

王国鹏在樊文花公司里实行"重新定义分公司作用"的思路，也是用这个道理，极大限度地激活了分公司合伙人的积极性。

"海尔的自主经营体，就是独立自主的运营单位。自主经营体是一个能够实施自我管理的虚拟利润中心，不仅独立核算，还拥有充分的经营决策权：雇佣和解聘员工的权力、费用的支配权、奖金的分配权等。每个自主经营体都需要在海尔内部注册和登记，自主经营体之间依照买卖关系、服务关系和契约关系等市场经济规则运作。"

在互联网时代，企业应当转变为用户驱动，以用户为中心。樊文花提出的"上级永远为下级服务"，与海尔的"倒三角"组织模式，也有异曲同工之处，都是同一个意思：从员工听命于领导，转变为领导和员工一起听命于用户，员工、企业领导及职能部门都通过倒三角的组织指向为客户创造价值的共同目标。

2010 年，海尔将之前庞大的组织体系分解为 2000 多个自主经营体。"海尔的 8 万名员工变成了 2000 多个自主经营体，这些小团队就成了企业创新的单元,是企业这个网状组织中的一个节点。他们之间不是靠领导来驱动,而是由共同为用户创造价值这一契约流程来驱动的。"

海尔的自主经营体分为三种类型/级别:一级经营体(一级)、平台经营体(二级)和战略经营体(三级)。一级经营体,要求其缴足利润、挣够经营费用、超利分成;平台经营体为一线经营体提供专业技术服务;战略经营体为所有经营配置资源。"但与传统组织结构不同的是,一级经营体拥有'倒逼'二三级经营体获取资源的权力"。三类经营体之间通过"包销定制"契约实现连接。

整体对比看下来,樊文花也有类似这样的设计:战略部门、服务中心、一线店铺。这也是一线驱动"倒逼"总部获取资源。樊文花截至2018年拥有3500个类似海尔的"自主经营体",而全体成员少了一半多,仅有2.5万人左右。

樊文花加盟商(更多时候也同时是店长)都是直接和总公司建立契约的关系。樊文花虽然也有很多区域分公司的设置,"分公司等同于总部的一个机构,只是分公司扮演的是派驻到各个市场做管理的角色,都属于总公司这一级。就是简单的两级,公司一级,加盟商一级"。

在总部负责人力资源的吴坚介绍:"店长是加盟商的伙伴,店长没有跟樊文花公司签订劳动合同,所以店长的劳动关系是归属到加盟商这边管理的。"樊文花自己的员工主要是总部管理人员、直营分公司的管理人员及面部护理师。

"因为我们是一线驱动的,而且这几年我们是在势头上,在一线一定有更大的需求,我们都是在听得见炮火的地方做决策,总部以满足一线的需求为主。"

康至军分析说："海尔的管理创新堪称颠覆。在节点闭环的动态网状生态圈中，员工角色从接受指令者变为资源接口人，又变为创业者；利益攸关方从博弈关系变为共创共享价值。传统的资本雇佣劳动、企业支付员工薪金的模式，已经转换成基于委托—代理关系、员工参与分享的模式。海尔的对赌激励模式更旨在实现员工以知识作为资本，成为企业的'事业合伙人'，共担风险、收益。"

正如本书前文所述，樊文花目前还处在野蛮生长的初级阶段，人才资本的问题是随着店铺几何级数量增长之后，才开始越来越重视的。樊文花各地店铺反映回来的情况是，最难的问题依然是人才缺失，尤其在二三四线城市，要找到有经营意识的女性难上加难。从另一个角度而言，在这些城市中，提早做好面部护理经营人才的占领和布局，也是樊文花抢先一步的战略方向。

所以，对于樊文花而言，不仅存在合伙人制度的推行和完善问题，还存在对人才的培养和教育问题。而后者，樊文花已经在摸索更有效率的培训方法了，毕竟这个也是她目前迫切要解决的问题。

体验式零售

八、假如有"樊文花特色",那么会是什么呢?

认识樊文花，要从根植于樊文花品牌基因里的诚信、勤奋、敬业、谨慎的晋商精神开始。诚信，立之本。古往今来，诚信人人皆欲受之，有诚乃信。用心做一件事情和应付做一件事情，接受的人感知度是不同的。樊文花就是在无人察觉的地方也要表里如一，为自己的良心负责。

勤奋，动则益。古人有训，勤能补拙。勤奋是体力投入的体现，樊文花不是一个赚快钱的地方，也不是一个大投资、大收益的产业，樊文花是为勤劳的老百姓量身定制的创业机会，樊文花倡导用勤劳的双手改变命运。"简单、听话、照着做"就能做好樊文花。

敬业，智为先。敬业是智力投入的体现，不论做什么事情都要推敲琢磨，捕捉其内在联系，不要使蛮劲、出蛮力。樊文花就是有这样追求卓越、追求完美、打造极致的执拗劲头。一款花草泥面膜可以在市场上长盛不衰，先后升级八次，这背后都是"敬业"二字在做支撑。

谨慎，行之综。不打无准备之仗，在充分调查、了解情况的基础上,才进行决策,以避免不必要的损失。这让我不由得想起相遇之初,樊总对我们团队合作伙伴的层层把关和环环入扣。樊文花的品牌根植于晋商文化,同时与时俱进,现在的樊文花已经绽放出了自己独有的色彩,认真、诚信、坚持、仁爱、合作、奋斗是樊文花焕发出的闪耀光芒。

——选自《樊文花人》2016年4月,"千店同庆盛典特刊"

王国鹏,时任樊文花陕浙闽苏分公司总经理

1. 来自一线的驱动力

在全国巡回考察了一段时间后,笔者发现了一个让人震惊的现象,就是目前这个阶段,对于樊文花整个企业和生意发展上来说,总部起到的作用是微小的,樊文花的生意完全是靠一线在驱动。

一线就是指一个个在店铺现场做服务的面部护理师和店长。

当然,一线驱动的樊文花现象还有南北差异。樊文花在山西、河南、陕西等省份的发展势头特别的强劲,比南方的省份要好得多。

王国鹏分析:"北方和南方的消费者有很大的差异,南方的消费者相对来说是比较理性的,倾向于人与人之间保持一定的距离,所以大部分南方消费者在店里是自己看,不会听你说什么,不感兴趣就很理性地走了;北方的顾客则不同,她们会很开放地与面部护理师详细沟通,到了店里就跟到了自己家一样,整个人很放松,往椅子上一躺,主动跟你聊新产品。"

那么该怎么来描述上面所说的一线的驱动力呢？还是来看看一线的面部护理师自己怎么说吧。

"我个人平均每个月的业绩在5万元左右，2月份的业绩达到7万多元。"河南平顶山新丹尼斯店面部护理师温超惠是2017年2月的标杆个人。

她说："我们店里氛围特别好，在我刚加入时，我的专业知识和手法不够好，也没有客源，店长就告诉我要想在店里和老伙伴们一起生存下来，就要每天坚持不断地派发产品，培养属于自己的顾客。因为老顾客还不太认同你，只能自己不断地吸纳新顾客，同时多和老顾客沟通。"

努力的温超惠每天都不停地大量派发面膜，加顾客微信，对有意向的顾客做备注，第二天及时回访跟踪，吃饭时也要随身携带面膜出去派发。"记得有次去沙县小吃吃饭，我给老板娘派发了一帖面膜和单页，她后来就按照单页的说明购买了280元的面膜，我亲自送货上门。这笔虽然不是大单，但对于我来说，是我人生的第一桶金，这也是我坚持派发的结果。最后，我把整条街的小吃店都派发了，并且成交了5单，其中3个是280元的面膜，2个是500元的乐享（会员的一种）。"

"此后，我每天都提前一两个小时到店，去商场楼上派发面膜，每两天跑一层，每次拿20张面膜，逐一问她们有没有用过樊文花的产品，没有就送一张试用。每次在楼上派发下来都会有成交的，我就回店里取面膜再给她们送过去……对于我一个新人来说，完成4.4万元任务那是多么开心啊！"

温超惠之前在别的品牌卖护肤品，干了几个月没找到值得自己坚持的理由，后来发现樊文花在招聘，店长当时对她说的一句话是"你想拿多少钱就干多少钱的事"直接打动了她，于是开动了她人生的奋斗机关，她在樊文花这里找到了自己的价值。

樊文花转型升级的成功有必然性也有偶然性。其中有一条很重要的就是樊文花在转型早期，依靠了樊文花本人多年来在一线的积累，包括技法、人力资源、经验方面的积累。

"如果是一个现代化的企业想这么转型，其实很有可能反而转不了，刚好樊总最大的优势就是对一线团队的凝聚力很好，她依靠自己的执着、最擅长的护理技法和忠诚的团队，就把这个阶段度过了。樊文花的基因跟她现在的生意模式是高度匹配的，这个模式在前期阶段就需要靠一线去驱动。"

"我们转型初期的成功，确实是樊总个人的特质带来的结果，在前面做到了无缝对接。"王国鹏说。

在一线调研之后，我们感受到了总部和一线似乎是两个不同公司的气氛。一线的激励特别鼓舞人心，特别是每半年分红的场景，员工分红拿到手的现金可能是一年工资的很多倍。她们对此真的是发自内心的感恩，一说就很激动，因为如果按正常的轨迹，她们作为体力劳动者，是不可能在收入上有很大的提高的。

而樊文花的这种模式，几乎改变了她们的人生，最重要的是，这是她们完全靠自己的能力去达到的结果。这个结果对她们来说确实是很震撼的，她们是发自内心地对公司和樊文花表达热忱、崇拜和感恩。

在樊文花，一个完成任务的店长甚至可以在分红时拿到50万元的奖金。这个奖金额度在国内并不是很多品牌都可以给到的。

樊文花的生意做得这么大是有原因的，很重要的原因之一就是一线的驱动力非常强，如果你待在总部想不明白其中的道理，那么等你到一线看看就会瞬间明白。这个生意本身的原始生命力非常强大，虽然也有一些短板，但还是往前奔跑得这么快！这是樊文花比起很多大公司更让人佩服的地方。

一线的驱动已经完成了使命，用的是店长和面部护理师奋力拼搏的方式。接下来，樊文花要面临新的考验，生意越做越大，到了更大的城市之后，靠一线的驱动力面对一线城市的消费者行不行得通呢？

在2018年，樊文花仍需要一点时间来调整好自己的发展模式，从一线驱动的、感性的方式，到更讲究现代企业管理的、理性的方式。

"一线驱动的模式可以不用做品牌，就靠一线的服务人员，一个人搞定多少消费者，平均产出是多少，把任务分摊下去就行。"王国鹏说，"所以说2018年到了樊文花的品牌元年，现在做品牌是为了吸引新的加盟者。当一家公司的业绩做到一定规模的时候，一定都会想到做品牌。"

"樊文花是一线驱动倒逼的启动模式。一开始倒逼更多的是来源于战术，但是达到一定规模后，就需要企业进入对战略、品牌和文化层面的思考了，这时候企业就必须要去做引领的事情了。如果一个企业全部都是在倒逼的状态，那就会很麻烦。"

可以说，团队已经意识到，现在樊文花的前线必须要往上推进了。"我们现在需要扩充新市场，当城市级别或城市现代化、时尚化程度稍微高一点的时候，我们就发现市场拓展起来很困难；而三四线城市的当地市场开了相对高端点的商场，去拓展也要费些力气。"

笔者很好奇，届时新的"来自一线的驱动力"，又会是什么？

2. 相信"相信的力量"

谈到阿里巴巴的成功历程，马云在2014年清华大学经管学院毕业典礼的演讲中说，"我永远相信'相信'。我相信未来，我相信别人超过相信自己。如果不相信别人，阿里巴巴的程序写不出来，今天市场不会做得这么大。"

心理学上，如果一个人想要达成某个重大突破，他必须无限期地停止对任何事物的怀疑。这就是关于"相信的力量"的科学说法。过普通的生活，不相信虚无缥缈的事情是正确的，但对于一个创业者、一个创业团队而言，内心一定要有一份相信，一份对未来目标的确信。

"相信的力量"在樊文花团队中无处不见。

"想做好樊文花就要从相信做起，相信产品的效果，并且自己亲自试用每个产品，才能更清楚每一个产品的优势卖点，才能更加准确地给每一位顾客搭配适合的护肤品。只有让顾客用出效果，顾客才会持续地为效果买单。"河南洛阳大商新玛特泉舜樊文花店店长聂瑞琴说。

不但是相信自己的产品，也要相信自己的目标一定能达到。

王国鹏说："我的逻辑是，我想明白了目标，我必须让大家明白，然后大家都相信了才能实现。"

樊文花本人就是樊文花企业中一个让大家都相信的力量，她带动和创造了整个企业的相信的文化。

在樊文花，你会看到，相信的力量自上而下地得到了传递。"我们之间的关系已经超出了合作本身，我能感受到很多伙伴是在赚辛苦钱。人家完全可以选择比樊文花更轻松、更容易赚钱的项目，但她们仍然选择和樊文花合作，她们说樊文花改变了她们的价值观。樊文花的价值观已经不是樊总一个人的了，已经成为我们大家公认的价值观，大家做到了在合作的时候是一体的，荣辱与共。"薄晓波如是说。

3. 不做广告，做口碑的缔造者

樊文花公司上下都知道的一句话是："樊文花不做广告，我们都是口碑的缔造者。"这句话，在每次伙伴大会上都会集体喊出来好几次。

做口碑，已经成为樊文花人的深度集体意识。

这是从实践中得出来的经验法宝，确实，樊文花面部护理体验店的发展依靠的主要就是口碑传播，朋友圈中有口皆碑的宣传才带来了用户广泛的认可和加盟。

免费派发、免费护理都是让用户初次了解和开始体验樊文花产品的途径，而真正形成口碑的，除了以上服务，更关键的还是产品的品质。樊文花人整体的自信就来源于产品品质和服务模式的创新。

有了以上的自信源，樊文花就敢把宝押在做口碑的砝码上，然后通过公司决策让所有人都用力在做口碑这个方向上，于是大家就更加齐心协力地维护这个口碑，工作更加细致并能保持永久的热忱，形成一股正能量的循环。这就是樊文花转型升级多年以来的品牌运作逻辑。

任何一个企业想要达到这个效果都不是那么容易的，因为很多企业容易在中间环节出问题，并产生怀疑——万一产品质量出了问题怎么办？

极致服务万一让用户投诉怎么办？如果没有脚踏实地地把细节问题都解决，内部员工的信心往往更容易瓦解。

所以樊文花的坚持、认真、诚信、仁爱、合作、奋斗的企业价值观，和通过互相督促得到增强的意识和能力，就成为做口碑背后的整体信念之中流砥柱。

做口碑不仅体现在日常的工作信念中，同时也要贯穿在门店的每一个角色中。

山东济南家乐福店店长张丹丹回忆过这样一件事："有一次，店里的原液非卖打样用完了，有伙伴说就用以前加购50元的冰肌水代替原液吧，我说不行，这样做如果被顾客发现，我们的诚信就会大打折扣，影响我们的品牌形象，对我们的声誉造成极大的影响。"

"樊文花的价值观之一就是诚信，我们不能为了一瓶原液而破坏了这个价值观，所以当时我就拆了一瓶正品包装原液给顾客用。诚实讲信用，是维护老顾客的重要法宝，这就是我们店业绩稳定的重要因素之一。"

"越是没人看见的地方，越能看清楚自己的内心。"这是樊文花在很多次培训时都强调的一点。有一则关于樊文花本人小时候的故事，在公司上下都广为熟知。樊文花的父亲是匠人出身，小时候她看见父亲在刷油漆的时候，在木板背面看不见的地方也同样认真地刷，就问道："背面又没有人看见，为什么要那么用心地刷呢？"父亲语重心长地告诉她："但是你自己能看到呀！"樊文花因此理解到一条做人做事的重要原则：人在做，天在看，成功往往来源于那些看不见的地方！

在没人看到的地方也要做好，这是樊文花做口碑的内在逻辑。在樊文花这里，做口碑不是为了做外表好看，而是要自律，每天要自检，做好自己，口碑自然就会来。

樊文花在广告上的投入很少，除了唯一一次在2009年短期邀请过演员郝蕾作为品牌代言人，这么多年以来，都是用樊文花本人做形象代言人。这样与企业家个人品牌牢牢挂钩的做法，既省钱，同时也对产品及服务品质提出了更高的要求，如果有不好的口碑，就是全盘皆输。

对于企业家而言，把自己的个人形象、信用、口碑与产品和服务密切关联起来，自己给自己代言，这也需要极大的勇气，但这同时也是很智慧的一个决定，特别是对于日常洗护这类与身体直接接触的产品而言。

4. "简单、听话、照做"，其实并不简单

王国鹏对樊文花一线的伙伴、加盟商的心态可谓知根知底，深知其中的大部分人都是草根出身、没有创业经验。

他曾经进行过这样的分析："她们对创业的心理准备不足和对体验经济以及服务营销的认识误区，往往很难把握樊文花运作的核心。一开始是凭着满腔热血和一颗不甘寂寞和平庸的心开始创业的，但很快就会被营销本身的真面目吓退了，最后靠着激情的惯性力量和对投资的无可奈何苟延残喘。"

"实际上，做好樊文花很简单，一句话概括就是：简单的事情重复做，重复的事情认真做。你这样做下去就能赢得一家百万店。简单和重复是聪明人的天敌，于是聪明人故意把东西搞复杂以证明自身存在的价值，如果我们不停地创新来证明自己的聪明，反而会距离百万店越来越远。"

所以，想做好樊文花，只需要做到"简单、听话、照做"，而不是想着要另辟蹊径、巧思创新。樊文花倡导的是精致地贯彻，全身心地投入，相信"相信的力量"，自然就会有成功的结果。

这些看似简单的方法，已经有了很多成功的示范案例。

平顶山郏县华联店的石亚鸽对此深有体会："成功是没有什么捷径的，只要好好地做好本职工作，要想业绩高就要做好服务。其实销售并不是在销售产品，而是在销售自己，只有取得顾客的信任，顾客才肯为你买单。你的诚意她们是能感受到的，你要让她们感觉到你都是在为她们考虑，不要让她们觉得你是在强推给她们产品。李总（李金锋）说过一句话'不找方法，只找感情'，我就是这么做的。"

姚源，是河北石家庄北国超市简良店的店长。加入樊文花之前她是做安防行业的，从顾客转化为加盟商后，自己做了3家店，完全是跨行业进入。2017年2月，开业一年的简良店成为樊文花公司的月标杆店铺，月销售额超过14万元。

樊文花改变了姚源的命运。"加入樊文花让我变得更加成熟、更加坚强、更有责任感，我这种认真的态度和我对店铺强烈的感情感染了身边的每一位伙伴，她们比我更积极、更热情地服务于每一个顾客，所以，想做好樊文花面部护理体验店很简单——用心服务，简单、听话、照着做，把每一位顾客放进心里，真诚地关心和珍惜，多以顾客的角度看问题，多为成功找方法，不为失败找理由。"这就是姚源开心创业的心得。

因为河北分公司发起了"百万店铺"的行动，"我就告诉我的伙伴们，我们要努力跟上公司的步伐，要努力做到百万店铺"。经过努力苦干，姚源的梦想真的在简良店实现了。

5. 和"邻居"做生意

王国鹏在对全国的加盟商伙伴做培训时，为了帮助大家更好地理解樊文花扎根当地商业环境的理念，提出了"与邻居做生意"的比喻说法：

"如果樊文花的生意做不好，那说明你的人品不好。为什么这么说呢？因为樊文花本质上是和'邻居'做生意的。我们有两个'邻居'，一个'邻居'是商场里面卖货的同行，另一个'邻居'就是住在商场附近的居民。一个人的人品谁最能够评价？就是邻居呀！因为他每天都在看着你，你无聊的时候在干什么，生气的时候在干什么，没有顾客的时候在干什么，他都清楚。"

"你的人品是骗不了你的邻居的，如果你的人品好，邻居喜欢你，他就能给你带来更多的生意。比如邻居是卖女装的，我们是做面部护理的，如果她的店能够在这个商场里活下来，一定是因为背后有100位顾客的支持。如果邻居喜欢你，就有可能把自己这些顾客都介绍给你。"

这条规则来自王国鹏对人性的观察，以及在农村的生活经验。"我小时候在农村长大，我看到媒人给人介绍完对象后，一定要到隔壁邻居家打听一下这家人咋样，因为你对家人好不好、脾气好不好，邻居一定眼明心亮。"

与商场的邻居搞好关系，这其实是建立异业联盟的做法。王国鹏多年来和商场各环节打交道，深知共赢合作的道理。"我经常和卖其他产品的'邻居'说：你以后送给顾客的小礼品我包了，请把你的顾客也介绍给樊文花。没有一个'邻居'拒绝我。"

"我在和人谈合作的时候,一定是先想对方,我能给对方带去什么好处,我要先让对方赢,而不是先想我要赢。如果先想我要赢的话呢,就进入一场博弈了。"在王总的引导下,这样的合作思维在樊文花企业里成为常态。

"实际上我是这样理解的,从合作的本质上来讲,第一个是'利他',第二个是'感悟'。从合作本身来讲,你的任何一个生意都应该以谦卑的态度来对待。当合作不用技巧的时候,事情就变简单了。"

与"邻居"做生意的第二层意思就是,王国鹏培训团队要学会激活身边的资源。"例如,我准备开店了,我一定要先激活商场内部同样在卖货的人,她们是最接近体验店的群体,她们自己也在柜台干活,也知道生意怎么做……把她们激活了之后,我再开始调动顾客的资源,反正我一定是从激活身边的资源开始的!"

这是王国鹏活学活用、走群众路线的心得。"我的整体管理运营的思路,就是'事事请示、独立自主、群众路线'。只要遇到问题,我就先把这十二个字说的意思过滤一遍,检查一下自己是不是在这些方面犯错误了。"

与"邻居"做生意,走群众路线,激活身边的资源。这三句不同的话其实都是在说一个道理,看跟什么对象讲。跟樊文花的基层伙伴讲,就是"与'邻居'做生意",因为这套话才是她们最熟悉的,一听就能明白。

"另外,抛开做樊文花面部护理体验店来讲,做人做事做生意,如果你不敢和身边的人打交道,那只能说明两个问题,第一,你不适合做生意;第二,你卖的可能是个不好的产品。如果卖的是好产品,而你又不能调动身边的资源，不是你不懂，就是你认为这个事情不好，这样还能把生意做成吗？不可能的。"

关于如何与"邻居"做成生意，王国鹏的逻辑是严密的，翻译成大白话就是："如果你觉得产品好，你卖给身边的人自己又能赚钱，你仍然不愿意去卖，你这是什么心理？如果你觉得产品不好，但你又还在这里工作，你得和我有多大仇？你觉得不好就不干了呗，你觉得好就应该让你身边的人一起享受。"为了让大家更深入理解这个道理，王国鹏在常州的一场200人店长特训营中，亲自用电话做销售，与自己的"邻居"做生意，是"卖给我的朋友"，结果现场就卖了9.7万元。这一天，全场200人共卖了260多万元的产品。

这是一次精彩的激活身边资源、与"邻居"做生意的示范课程，至今仍为樊文花人津津乐道。

对此，王国鹏解释的道理是：这个做法的逻辑是通的，前提是产品和运作模式是可靠的，"别人的判断可能是感性的，但我的判断首先是理性的，樊文花做了30年了，如果产品不好，这个运作模式就不成立。"

在王国鹏这里，"与邻居做生意"还有第三层意思，就是樊文花在品牌定位上是没有所谓高端或低端的说法的。

"樊文花的品牌形象应该是特别有亲和力的，就像是邻居家的小妹，她正好是做这个行业的，她愿意为你服务。别的品牌是在广告画面里，樊文花是在真实生活里。我们不去区分高端或低端受众。我认为那些高高在上的广告背后是傲慢与不平等。"

"樊文花是整个化妆品行业里唯一的以倡导平等服务而著称的品牌，哪怕你是保洁大姐，我也不拒绝你贴我一片面膜，我也不拒绝为你做一次面部护理。我们把产品质量做好，哪怕你是大牌明星，用樊文花的产品也不掉价。我们的定位是面部护理，不是低端、中端或高端化妆品。"

樊文花能提出这个是有理由的，因为她们的面部护理服务都是免费的。如果服务也定价了，那也可能分出个高低贵贱。而免费带来的是平等。

"我觉得女人在美面前，本来就应该是平等的，但是很多国际化妆品品牌的定位逻辑是把这个平等给消灭了。"

6. "ALL IN 的夫妻团队"与"家文化"

樊文花有一本企业内刊《樊文花人》，长期以来的封面人物都是一对对的夫妻。这是樊文花独有的现象。樊文花有一种魅力，能够让团队把整个家庭的力量都倾情投入进来。

黄春晓是樊文花山东省沂水县的加盟商，她和老公的蜜月之旅都是在樊文花标杆店长训练营度过的。第一家面部护理体验店开业的时候，黄春晓已有5个月的身孕，但她仍是每天坚持到店，坚持接待每位顾客，而且自己坚持用樊文花面膜，亲身证明樊文花面膜是非常安全的，孕妇也可以使用。

"樊文花见证了我们的爱情和成长，也见证了我们女儿的出生。此时此刻，老公一直陪伴在我身边，我看着他忙碌地盘货，准确地说出每一款面膜的名称，感到一种前所未有的踏实和幸福。本来可以做软件工程师的他却陪着我一起经营樊文花，我想，这就是世上最好的事业、最好的爱情。"黄春晓说。

类似这样的夫妻店在樊文花的加盟商里非常的多，都是全家全身心地投入。这个在国内企业中还真不多见，因为很多企业都尽量避免夫妻同在一个部门的情况出现。

家文化是樊文花公司的一大特色。在樊文花，家庭与公司融合的浓度比起一般的公司似乎要浓一点，但仔细分析又觉得合情合理。众人拾柴火焰高，自愿自发，并无过分之处。王国鹏对此则保持着清醒，"在模式建立的最初阶段，夫妻店肯定是有优势的，并肩奋斗，能够吃苦耐劳，但发展到一定程度以后可能就会失去优势。这个时候就是我们真正需要现代化管理、规范化管理、品牌化建设的时候，它的束缚是比较多的。"

在樊文花公司工作超过了20年的薄晓波，真正把自己的全部人生阶段都融入了企业之中，而她也因此得到了伙伴们（兄弟姐妹们）给她的积极互动。

"樊文花是我们生命中的精华，因为一个人一生中最精华的20年是从为人子女到为人父母，而这20年我们都献给了樊文花。樊文花是我们的生命，因为我们将太多数不清的感情、数不清的时间、数不清的经历、数不清的付出与投入留在了这里，我们还有那么多组家庭将全家奉献给了樊文花！"薄晓波说。

加盟商从当年的一个个妙龄少女变成如今的一个个家庭，一个个面部护理师也成长为一个个股东，试问中国有多少企业能做到这样呢？

八、假如有"樊文花特色",那么会是什么呢?

薄晓波跟伙伴的关系就跟家人一样,"我们很不职业,在山西、河北、内蒙古大区的这些人都叫我姐。在我心目中,我就是她们的姐。基本上,我直属的这些伙伴,每一个人生孩子时我都在医院现场,她们一出产房就会见到我。她们谈恋爱、成家、生孩子、买房子、孩子上学……,我基本上都参与了,甚至她们老公是做什么工作的,我都知道。我们的合作已经不仅仅是简单的上下级关系了。"

薄晓波讲了一个真实的故事,关于企业如何与伙伴的家庭逐渐建立深厚的关系。"在唐山有一个加盟商叫沈桂哲,她是河南人嫁到唐山,一直管理着3家门店,开业的时候,我还去过她的店。有一次开会,她没有来,我说沈姐怎么没来,大区经理跟我说沈姐的爸爸得了癌症,我一听心里面好难受,就召集大家为她爸爸祷告。"

"我们那时候在内蒙古开会,开完会我就让两个伙伴从内蒙古跑到山西,又从山西跑到河南,去到她家所在的小镇上,辗转走了两天半才到了医院。我还给沈姐写了信并留下1000元钱。把我们团队的心情和我对她要说的话全写在上面。她看到就傻眼了,给我打电话时感动得哭了。可能1000元钱并不多,可能一封信并不重要,但重要的是让她能感受到我们是和她在一起的,她在最困难的时候,万万想不到有伙伴从内蒙古北边的城市跑到河南的小镇去看望她,她没想到。"

"在这次年会上,她在台上发言的时候,她说看到的是樊文花这种深深吸引她的魅力。真正吸引她的不是在樊文花这里干能赚多少钱,而是在收到物质财富以外,还会收到精神财富,感受到一个大家庭里亲人们深深的爱,这种价值观她要不断传递给更多的人。从那件事之后,她会把樊文花当成自己的使命去做。这次分享让我们感动到流泪,而这种案例在我们身边太常见了。"

这是一种非常难得的企业内部关系连接的纽带,虽然很多企业也讲人性化、亲情化管理,但是很难出现像樊文花这种如此深入、主动、互相支持的氛围。

樊文花这种亲情一样的企业文化或者做人做事的价值观,带来的是整个集体的拼搏精神,这应该也是樊文花面部护理连锁店在北方地区能够快速扩张的基础。这种价值观非常具有感染力,把团队的伙伴全部都感动了,大家工作起来自然会更加卖力,而且最为可贵的是,樊文花这种温馨的大家庭氛围是一种真实的存在。

薄晓波在她的分公司创造了浓郁的"家文化":"我们在内部做到了不分彼此。我跟随樊总21年,没有一次说'樊总你给我的工资少',没有谈过一分钱薪水的问题。我的伙伴们跟了我这么多年,从来没有跟我说过薪水少,甚至很多人不知道他们能赚多少钱就去干活了。同样,年终分红的时候,看到哪个人工作得很辛苦却分得不多的时候,我说我们少拿一点,给他们多分一点。可能我们市场业绩做得最多,但是不一定拿到的最多,因为要分给每个人。另外,不管谁家有困难向我借钱,我都会借给她,只要我有。这个时代讲这种企业文化显得很不职业,但它确确实实存在于大家的心里面。"

那么,"家文化"背景下职业范围内的事情会怎么去做呢?

薄晓波说:"我们的这种'家文化'极大地增强了大家的凝聚力。因为大家都有相同的经历,在一个战壕里战斗过,就能形成共同的目标。他们知道樊总、王总给我下达的目标,大家会认为这个目标不是我的,而是我们所有人的，大家一定要共同分解掉。因此基本上公司下达的目标，我从来不会说定得不合理，而会说'收到，能完成'。"

"基本上，只要我一接目标，团队就会将其自动分解下去，接下来工作怎么干，规定了时间，领了目标，大家会在每个月的区域性月会上一起想出来办法，各自在市场上落实。工作是工作，生活是生活，她完成了自己的任务，她又去会帮其他人完成，相互帮助，不让一个人落后。在公司的运营层面，这些制度肯定要遵守，我专门有个团队在管制度。我们在感性和理性上能分清楚，因为理性的部分也需要大家互相支持、共同成长。"

"我们团队伙伴经常给我发信息，说领导你放心，只要你在，我们的任务一定会完成。'只要你在'，是一种精神传递。"

看完觉得神奇吧？樊文花面部护理体验店不但是一门神奇的生意，背后还有一种神奇的团队力量。

事实证明，这样一个懂得理解亲情、传递亲情的团队，也恰恰是能做好"体验式零售"的最佳团队，因为"体验式零售"最核心的机密就是"走心"。

7. 天然但是尚未发力的闭环模式

很明显，樊文花具有天然的闭环模式特征，但如果与线上O2O结合来观察的话，又只能说樊文花的闭环模式还处在发展不均衡的阶段。有些环节已非常发达，有些地方还有待完善、发力，但这些并不是问题，因为樊文花的基础已经很牢固了。

让我们先来梳理一下几个概念。

所谓闭环模式，是指围绕着顾客的一系列关联性消费需求，逐一提供相应的产品予以满足的商业模式。简单地说，就是"一站式"服务。

另一个类似概念，**全产业链模式**，则和**闭环模式**有很大的区别。**全产业链模式**是纵向的，是以产品为核心，上中下游通吃的一种模式。它的优势是提升经营效率，全程掌控产品品质。

闭环模式是以用户为核心，将密切关联的一系列消费需求一站式解决，它是横向的。它的优势是提升用户体验，深度绑定用户。

"闭环"两个字更多是用于互联网O2O行业，这是为解决O2O平台的困境而出现的一个词。这个困境一般体现在很多互联网O2O平台从线上将用户引流到线下之后，就失去了对流程的掌控，"就好比接力赛跑里把接力棒完全交给了线下商家，却连到没到终点都不知道"。

关于接力棒的比喻，笔者是在"人人都是产品经理"的网页上看到的。关于闭环的说明，圈内人有一段这样的分析，"假如用户行为流程的最后一个环节必须回到O2O平台，就好比线下商家必须把接力棒交回到平台，由平台来跑完最后一程，那问题就迎刃而解了。这个环节就叫闭环"。

用百度百科的定义是：O2O闭环是指两个O之间（Online及Offline）要实现对接和循环。要将客流引到线下去消费体验，实现交易。但是这样还没有做到闭环，要形成闭环，还要从线下再返回线上去。

有了闭环，每一单交易的最终结果都会流转到平台，为平台所掌握和记录。而所有这些记录下来的交易（关键在可记录），就是O2O平台的价值所在，并且是挖掘更大价值的基础。无可争议的具体交易记录，保证了平台对线下商家的议价权。积累下来的具体到每一位用户的消费记录，形成了大数据基础，对商家可以提供精准营销，对用户可以提供个性化服务，从而进一步促进O2O循环。

只有这样，O2O才成为真正的O2O，而不是沦为单纯的广告平台或者分类信息提供者。

我们都知道，樊文花一直都是传统企业，而不是互联网O2O企业。传统企业的基本思路是卖货，开发更多的渠道卖货，卖货过程中的最大差价和卖货最终实现的最大规模就是传统企业追求的结果。

在江苏宜兴的一家樊文花面部护理体验店现场采访时，笔者看到店里有好几个本子，上面记录了会员的消费信息，包括日期、购买的产品、价格以及服务的内容，从中可以看到每一名会员到店的频次、月度及年度的消费金额，以及年龄、皮肤问题等，每名会员都有专门的一页，由伙伴用手写的方式记录清楚。

樊文花现在只有单店的销售数据，还没有将这些数据全国联网打通，形成大数据分析。

另外，面部护理体验店的顾客主要是从线下发展而来，即通过面对面的面膜免费派发，引流到店铺的方式，然后再在线上联络售后服务和社群服务。这与绝大多数的互联网O2O企业的逻辑与路径都是完全不一样的。

不过，樊文花这样的"闭环"模式似乎也挺扎实、挺健康的。用户消费信息的记录与整合只是意识和技术问题，很容易就实现。因为这些交易记录早就被一线的工作人员仔细记存在每一家店的本子上了，这本来就是她们的日常工作。

樊文花从客群引流到产品开发销售再到一站式服务,有交易记录还有服务记录,都是精准锁定着每一个目标对象的,很多互联网O2O企业都很想要做到或得到这些数据记录。而且,樊文花还通过在全国快速开店而扩大了销售规模,用实体经济的方式实现了互联网式的扩张。

所以,樊文花这次转型升级,就相当于无意中侧面进攻到了O2O行业。樊文花现在已经有220万名会员,假以时日,在社群和大数据两方面进行提升后,樊文花应该还会得到更多惊喜的收获。

8. 利他精神以及上级永远为下级服务的精神

"和樊总共事这么多年,她骨子里透出来的经常是'利他'的思想,永远考虑别人的立场。例如我们在饭堂吃饭,没有位置了,她会站着,让我们先坐。"薄晓波说。

"昨天我还在跟我的助理分享,我们要思考每天所做的事情、所说的话是否对别人有益处,如果说的话、做的事情对别人没益处,就不要说和做,尤其是在背后只能说别人的好话,不要说别人的坏话。这是我从樊总身上感受到的优秀品质。"

"这就是为什么樊总可以走到今天,有这么多人这些年来愿意和她合作。她和全国的加盟商这样说:'未来几年可能你们赚不了什么钱,我先全给你们补上吧。'哪有这种承诺?但是樊总可以做到。她看到哪个省的分公司在开拓新市场的时候经营比较困难,就会主动给补贴一点,帮忙熬过去,她经常这么想,也这么做。"

八、假如有"樊文花特色",那么会是什么呢?

"其实前 100 家店,樊总并没有拿走店里的利润。店长占有 50% 的股份,但樊总会承担这家店所有的前期费用。搭建平台、做品牌、做推广、打样板则由店长负责,最后分钱时店长拿 50%,10% 给一线,这样店铺就拿走了 60%。剩下 40% 中,又有部分给了区域城市经理,以及分公司管理层整个团队。樊总说'谁劳动,谁付出,谁就应该拿得多。'"

薄晓波上面说的这些内容属于老板的秘密,估计在樊文花公司里很少有人都知道。

樊文花基本的思路是,要把一线的利润最大化,让一线员工变成店铺的主人,成为真正的股东。对合伙人,樊文花有句话:"我出资金,你工作,赚下利润大家一起分。"

樊文花的利他精神不但体现在日常工作和生活中,更体现在重大利益的分配上,这种精神对于每个人都具有非常强的感染力,因此能自上而下地影响整个企业的氛围。

"上级永远为下级服务"的另一层意思也可以是:下级的目标由上级来实现。

王国鹏在樊文花企业原有价值观的基础上,带来了目标更加清晰、更加走心又有力的创新管理。"2017 年我主要推进两个主题:自下而上地实现目标管理,自下而上地实现感动服务。"这其实是对"上下级关系"做了一次观念颠覆。

在大多数企业里,员工通常都会认为是下级帮助上级完成工作目标,但在王国鹏这里,变成了"下级的目标由上级来实现""上级的工作核心是帮助下级实现目标,顺便实现大家共同的目标"。

王国鹏说:"我们也在研究海底捞,海底捞文化的核心是自上而下地做服务,一个人能够把服务做好,一定是因为他感受到了别人给他做服务时的那份喜悦和感动,他才愿意传递出去。我希望我们给用户做服务的时候,也能够体现出这样一种服务文化。我们整个企业是从老板开始,自上而下都服务用户,我们企业内部更是有上级为下级服务的文化。"

在樊文花公司内部有一条不成文的规矩,就是上级一定会用心地关心下级的感受,这是从创始人樊文花率先带起的规矩,逐渐在企业里也形成了一种氛围:每名管理者都要思考如何关心身边的伙伴。

2015 年 4 月加入樊文花的人力资源总监吴坚说:"这个氛围是特别明显的。以前我们有员工班车的时候,樊总每天一早都会站在门口,等着班车过来,跟每个人打招呼;食堂的伙食和住宿条件上也不断改善……她是身体力行去做这些事情,她不是讲出来的,而是做出来让你去感受的。"

以上这些关爱员工的细节,也可以归到樊文花企业价值观之一"仁爱"一词的范畴里吧!

这条原则,也体现在总部与分公司和面部护理体验店的关系上。

樊文花在每年开年会的时候都会告诉团队,总部要保证下面的团队赚钱。"无论发生什么情况,我一定要保证市场正常运转,店铺里是分红的,总部不赚钱都可以。"

樊文花公司和别的企业不一样的地方也在这里。"别的企业可能是先让上面挣了钱,而我们是先让下面挣了钱!"樊文花说。

对此,王国鹏的评价则是:"好企业的标准是老板给大家分多少,大家都觉得分得很满意；坏企业的问题是，老板总想分得多，大家总是不满意。樊总就是在发钱的过程中总是担心给大家分得少，因而实行各种股权、绩效等手段，给大家多分些。"

在这样的老板的带动之下，企业里不论上级还是下级，能没有干劲吗？

9. 认真、诚信、坚持、仁爱、合作、奋斗

认真、诚信、坚持、仁爱、合作、奋斗，这12个字是樊文花的核心价值观。在樊文花公司内外随处可见，每位员工都深知这12个字的含义。

认真，把看得见的小事做到位就叫认真。而樊文花对自己的要求是，看不见的地方也必须认真。在樊文花公司上下，大家都明白：把每件小事都认真做好才有可能成功。具体表现为，都把公司规定的服务标准做到极致，按照既定流程认真地执行下去才能让用户满意，只有认真才能做出让用户尖叫的产品。

诚信，只有做到诚信才能赢得顾客的信任和尊重。诚信是看不见但可以感觉到的，樊文花要求做到所有产品的原材料、配方绝对不能弄虚作假，做用户信得过的产品，给用户的承诺一定要做到。

"樊文花创立至今，从未拖欠过任何一位供应商的货款，从未推迟一天发放伙伴的工资，从未考虑过用廉价的原料替代价高质优的原料……"这句话写在每一期的企业内刊《樊文花人》刊首语"创始人故事"的其

中一个段落里,每次都让所有员工看到这种诚信的做事态度。

坚持,才有积累。樊文花的坚持不但体现在坚持产品升级,坚持改进服务细节上,还体现在坚持吃苦,坚持把品牌发扬光大上。

仁爱,有了爱,美才不肤浅。仁爱是要让所有樊文花人不但要努力工作,还要努力生活,爱家人、爱同事、爱用户。例如在樊文花内部,平衡工作与家庭就是主流的风气,因为团队里多数是女性,她们都是家庭中的重要角色。而在樊文花的年度总结大奖里,就设有"父母北京品质旅游"这样的奖项。

2018年下半年开始,樊文花又在企业的核心价值观里增加了两个词:合作、奋斗。扩充后的企业核心价值观更加强调团队精神,并希望每个樊文花人都能有更高的自我要求。

合作,即目标统一、同向发力。朝着同一个目标,相互信任,彼此支持,发挥自身优势,取长补短,强强联合,打造强势团队,高效完成工作、实现目标,平凡人做非凡事。

奋斗,即在成为专家的路上不懈努力。眼里有目标,心中有激情,自强不息,追求卓越。持续追求更好的表现,不断给自己设定更高的目标,今天的最好表现即是明天的最低要求。

这些价值观在樊文花企业的发展中起着重要的作用。可能樊文花本人也没有想到,她很早就倡导的这些企业价值观,在企业转型升级的时候起到了黏合团队和用户的重要作用。

传统的营销主要强调功能或利益,但在移动互联网时代,打动用户的点更在于对价值观的认同和共鸣上。认真、诚信、坚持、仁爱、合作、奋斗，都是做人做事非常重要的优秀品质。做得好，就对所有人都有价值，并且能实现共赢，所以只要价值观定位对了，一切都能所向披靡。

这几个词，可以说是樊文花作为企业家的"原点精神"，是企业及产品的愿景、使命，是企业文化，也是做人应该遵循的道理。

樊文花公司现在已经处在一个比较稳健的市场发展势态之中，在这时候来提倡各种价值观和企业文化就会比较可信。如果公司没有到这个阶段，在连核心产品是什么、怎么样去创造利润都不清晰的情况下，讲这些其实大家会迷惑，迷茫于到底做什么才赚钱。现在团队上下一致的认识比较多，明白了面部护理体验店的市场足够庞大，因此在这么稳健的市场中去抓价值观、去凝聚团队的人心会更加有效。

10. "樊文花大学"：做一所人生的培训学校

"樊文花卖的是精致女人因爱而美的生活方式和人生态度！"在每次的内部培训活动上，樊文花都要强调这一点。

樊文花很重视内部的培训，可以说，只要踏入了樊文花公司的门槛，每名员工基本上不是在培训，就是在去培训的路上。每个季度、月、周都有培训，总部的、分公司的、分店的，各个级别的培训每天都在进行。

樊文花有"将帅营"，还有樊文花标杆店长特训营，其实就是邀请全国各地的优秀店长、销售人员、加盟商伙伴到总部聚会，共同培训、交流经验、分享学习。

对于加入樊文花的这些没有高学历、没有良好家庭背景的普通女性来说，樊文花就是她们另一所改变人生的大学，她们在这里学会了做事、做人、做生意。

例如"分享美，传递爱"这6个字，就是樊文花公司对内对外说得最多的话。在樊文花，每年都会有一次员工旅游。所有的樊文花人每年都享有一次旅游福利，这句话也伴随着大家走向全国，深入人心。

让我们来看看这所"樊文花大学"的培训效果是怎样的吧！

以程娟为例，她是陕西西安的加盟商，2015年上半年她开始在西安市长安区拥有两家面部护理体验店。正式加盟后，她清晰地记得，自己在半年多的时间里参加了6次樊文花公司组织的活动。

"每次活动都给我带来了改变！第一次是2月12日在会议上遇见樊总，让我下定决心一定要把这件事情做好；第二次是3月30日，参加分公司的'明确目标、合作共赢'季度工作会议，通过一天的目标分解，我知道了做任何事情都要有清晰的方向；第三次是6月8—9日分公司'带着爱出发，梦想就会开花'的季度工作会议，这次会议内容既有拓展，又有总结，这次拓展对我的影响是深远的，通过这次拓展我明白了什么是责任、什么是结果、什么是担当，让我真正具备了一种创业者的心态，这次会议最大的收获就是让我重新认识了我自己。"

"第四次会议是在6月29日，参加分公司的'花粉汇'动员大会。通过这次动员会，我理解了组织与执行的重要性；第五次会议是在7月18日，樊文花陕西站'花粉汇'，强大的阵容和豪华的场地，为我们品牌忠实粉丝的培养推波助澜；第六次会议是在7月27—31日的将帅营，第一次走进总部的怀抱，我更深入和全面地了解了总部的战略规划，也从老师那里学到了更多做事的道理。所有的成功，所有目标的实现，都是为有准备的人而准备的,每个人都不是随随便便就能成功的。"

从程娟的记录中可以发现樊文花的培训排得多么密集,内容包括各个层面的学习和实践,从目标管理到社群运营,从创业能力到做人哲学,均有涉及。

人才梯队的培养,是转型升级的必然需要。樊文花最正式的人才培训都是由樊文花大学完成的。樊文花大学在体验店启动一年半之后的2014年年底开始筹备,并于2015年5月正式开办。

在加盟招商的说明里,关于樊文花大学的作用有专门的一段话:

"致力于为终端业绩提升和持续发展提供切实可行的解决方案及应用平台,是国内化妆品行业对开发与复制业绩增长及标准化服务解决方案的重要探索,专注于提供全方位的全程培训,专业知识(产品、手法、销售、服务标准)+系统理论(品牌核心价值、感动服务理念)+强大的培训体系(优秀培训老师、完善培训课程、严格考核标准、持证上岗制度、店铺诊断制度),为樊文花面部护理体验店三位一体乃至整个美容行业塑造优秀的实战型美容行业人才。"

人力资源总监吴坚介绍说:"樊文花也建立了自己的云学堂,上面有大量的线上培训课程。我们把线下的课程搬到了线上,方便大家随时学习。"

樊总给樊文花大学下的定义是,它是一所持续提高团队全面能力的,让团队保持一致性的商学院。"上下要一致,才能打胜仗。"

樊文花是一家有学习力的公司,而且不是机械地进行销售或服务技能的培训,而是融入到了做人做事的更高要求上,认识自己的同时也树立正确的"三观",实属难得。

有学习力的公司都是做事专注、坚持,也有耐力的公司,不容易被击垮和打败。而伙伴学习力的提高,可以推动整个公司的进步与发展。

除了培养运营人才,樊文花大学其实也是在培养具有真善美品质的人才。王国鹏说:"这个时代会变的,未来什么样的人会活得很好呢?一定是有审美的、热爱生活的人会活得很好,这是未来的趋势。个体越来越受到尊重和重视,会更注重追求精神品位,每个人都要成为自己,才有可能在精神世界里享受那种快乐。"

樊文花希望未来能把这些生活态度都融入自己的品牌里。

体验式零售

九、存在一个女性面部护理的"百亿元市场"吗?

2017年，中国经济进入"厚利时代"。"厚利时代"的七个特征如下：

特征一：文化的溢价

中国文化正在积聚能量，对商业的影响就是产品将有更多提升附加值的机会。对实体零售业来说，另一个提高附加值的办法就是优化体验，将买卖关系升级成为服务关系。

特征二：消费精准化

接下来，消费一定会趋于理性，趋于精细化，能不能更加精确地找到消费者将变得很重要。未来，需求会越来越多元化、个性化，也会越来越碎片化，要想精确定位消费者，传统方式显然效率太低，一定要借助大数据和云计算来进行精确定位。

特征三：市场在细分化

随着细分市场的不断增多，以及综合型平台商家的出走，电商最终会从大一统的市场走向分化。

特征四：一切以消费者的需求为出发点

只要仔细寻找消费者的需求，找到一个就去"疏导"一个，新零售的局面最终就会形成。只要零售和终端稳定并且可以发力，那么渠道商、服务商、生产商，甚至是服务制造业的其他环节也会被拉动。

特征五：从"互联网+"到"+互联网"

要在实业基础上"+互联网"的逻辑强调的是，要注重互联网的配合使用。例如，"饿了么""滴滴打车"等平台都是在实业基础上的互联网应用。没有餐馆，"饿了么"就没有作用；没有车，"滴滴打车"也毫无意义。很多人一开始就做电商和微商，做平台，但往往却以失败告终，其核心问题就是脱离了实业。他们的出发点不是为了解决现实问题，而是凭空去幻想一种商业模式。

特征六：结构开放化

开放是整个世界的大势所趋，零售业也是如此。为了让品牌共营、渠道共享、流量共联，新零售时代的企业必须适应在大庭广众之下展开工作。在未来，只要有技术，就能找到消费者；只要有资金，就可以执行理念；只要形成模式，就可以建立价值通路，再借助金融的力量，就可以做渠道通路。于是新的产业就有了雏形，未来的商业就是这么简单。谁站得离消费者更近，谁就更有发言权，当然也更加有利可图。

特征七：三点确定一个商业模式

所有商业模式的建立都需要确定三个点：你提供的服

务是什么？你的消费者在哪里？你的通路该怎么建立？很多人往往有一个点就去创业了，还有很多人只是知道自己的产品好，可以卖给某一类特定人群，就去创业了，但这也只是确定了两点。一切成功的商业模式，都必须实现三点具备。

——《新零售：未来零售业的新业态》，
机械工业出版社水木然、廖永胜

1. 为什么樊文花拥有势能？

国内关于新零售的图书很多，以上内容摘自最新出版的《新零售：未来零售业的新业态》一书。作者在书中提出："随着商业关系的核心逐渐从'买卖关系'向'服务关系'过渡，未来的零售业也必须体现出对个人的尊重和关注。"作者还提出，在2017年之后，中国经济将走向"厚利时代"，当然，能够在这个时代中赢得一席之地的依然是那些先知先觉的企业。

本章的开篇引文基本完整地转述了"厚利时代"的七个特征，目的就是与转型升级中的樊文花面部护理体验店进行对照。这七个特征也是构成樊文花后续发展势能的基础。

第一个特征，是文化溢价及"优化体验"，这正是樊文花目前在做的，文化起着承载樊文花未来的作用。用王国鹏的原话来说就是："一定要让文化渗透到每一位伙伴的毛细血管里，因为所有服务的这些东西，没有文化的滋养，时间长了就会厌倦和烦躁。"

吴坚说："要靠文化来凝聚人，对于樊文花来说，也要有个过程，好的是老的伙伴已经很凝聚了，难的是新进的一批如何融入，毕竟我们都是来自五湖四海，很难一下就形成共同的文化。文化的系统要搭建起来，还要落实下去。如何一层层有效地、没有损失地、没有稀释地传递下去是我们的工作重点。"

"一个企业能够在市场上立足并且立于不败之地，最重要的就是文化，因为只有文化是你核心的东西。为什么樊文花的竞争对手学不来我们，不是因为它学不了我们的手法，而是从它招人的那一刻开始，就有和我们不同的企业基因，它招的人就是做销售，而我们招的是面部护理师，是来做用户服务的。"

在樊文花企业内部的文化认识里，会坚持把"服务"的文化挖掘下去，例如总结和思考关于自上而下的服务应该是怎样的，当服务成为文化，这些便都能给优化体验带来更多内在的动力。樊文花的体验店就已经完美地从买卖关系过渡到了服务关系。

特征二和特征三，是消费精准化和市场细分化。樊文花重新定位面部护理，把产品和服务都聚焦在一个方向，找准了自己的市场定位，并且重新定义了市场的规模。

特征四，以消费者需求为出发点。樊文花选择面部护理，也是找到了用户的痛点，希望便捷、有效、便宜地做面部美容，从而开发了对应的产品及服务。

特征五、六、七，樊文花首先是实体经济，有工厂、有产品、有店铺，这些是未来"+互联网"的基础，樊文花的可贵之处在于各种模式的创新，用开放式方法重新界定各种新型关系，包括用户关系、合伙人关系、服务关系等，这些共同点构成了樊文花的新商业模式，也是樊文花转型升级要做的事情。

此外，还有一点也是非常重要的，樊文花的市场格局比较特殊，走的是以三四线城市包围一二线城市的路线，与其他的新零售场景完全相反，反而在前期拥有了数量上的突破口。

我们都很熟悉的国内新零售案例，它们设计的场景多是主要适用于人口密集的一线城市，而且还要求线上订单要大于线下的交易单数，这种模式如果复制到社区，到低线级城市，是难以实现的。樊文花从三四线城市做起来，先占领周边，同样也可以积攒品牌效应，将来在一线城市认真做好品牌概念店，假以时日，也是完全可以成为面部护理"独角兽"的。

"我们现在的策略是，先把三四线城市做稳，因为这是我们的命脉所在。站稳之后，会挑选一些大城市做具有引领作用的概念店。现在樊文花的店大多数是二三十平方米，以后可能会开四五十平方米的，樊文花也计划在上海开一家地标性的，大到几百平方米的店。"王国鹏说，"这两条线是不冲突的，同步在走。对于樊文花公司来说，命脉和业绩都在三四线城市外围这一圈，这里的蛋糕很大，我们都还没吃完。"

2007年7月就加入樊文花的香香，曾经做过店长，现在是负责太原近40家体验店的大区经理，她亲眼见证了樊文花面部护理体验店的高速增长。

一开始，香香从基层的角度思考的结论是，店开得太多会影响业绩，分散客流，"但是后来看到店铺业绩回升很快，而且形成了一种品牌势能，影响力度变大了，客人选择我们的频率和概率越来越高，竞争品牌进入这个城市越来越吃力，就是因为我们把密度做集中了。"

从密集的这个角度而言，樊文花的势能已经很强大了。

不过，从三四线城市布局的打法上来说，樊文花却是一个很值得观察的、正在转型升级中的、体验经济的新零售案例。

2. 8家百万店和"店店百万"目标

在测试了单店月营业额完全可以突破6万元之后，2017年开年伊始，王国鹏给全国团队提出了"店店百万"的攻坚目标。百万店即单店年营业额达到100万元。

王国鹏给出了一个指导数字："按照一位女士对面膜和分肤美白的基础需求，年均消费基本上不会低于2000元。也就是说，一家店铺只需要开发出500位顾客的基本需求，就可以满足一家百万店的基础目标。"

另一个逻辑是：樊文花全国的大部分店铺都是3把以上的椅子，按照正常的配置就需要4名美容导师，如果一名美容导师一年连25万元的业绩都创造不出来的话，那么是无法在城市生存的。"不仅没有未来，连现在都不会有，坚持下去消耗掉的除了青春，还有对自己的信心和对梦想的追求。"

所以，2017年樊文花在全国连锁店动员发起的这场百万攻坚战的主题就是"人人有梦，店店百万"。

王国鹏提出这个目标并不是凭空想出来的，而是有具体的样板，这个样板是来自于一个非常普通的四线城市—河南省中部小城市平顶山。

在平顶山创造了 8 家百万店的是荣红荣和李金锋夫妇。

2013 年，33 岁的荣红荣与丈夫李金锋从北京回老家创业，投资失败，不到一年的时间资金全部亏空。2014 年 8 月，在朋友的介绍下，夫妻二人了解到樊文花体验店，于是先去郑州考察。荣红荣当时一看就想做这个项目，想立即就签约，但被李金锋拉回了家，原因是荣红荣根本没有做过化妆品，而且美容是公认的难做行业。

最终，荣红荣还是下定决心要做这个事业，贷款了 15 万元。"我老公（李金峰）说，这次就当买了张美容卡，反正已经赔了那么多，也不在意这十几万元了。"荣红荣的樊文花事业就在丈夫的不信任中开始了。

第一家店选址就很难，因为樊文花在当地没有知名度，商场不同意入场，荣红荣跑了三次才求得了入场的机会。第一家店就是在丹尼斯商场的这家店，后来给荣红荣带来了奇迹般的业绩。由于前期的免费派发，加上新商场开业和朋友捧场，该店开业当月业绩就达到了 20 万元！

这个业绩立刻改变了李金锋对樊文花的看法，于是他开始全力参与，开了第二家、第三家店……至 2016 年年底，在平顶山这个 400 万人口的城市已经开出了 8 家樊文花面部护理体验连锁店，并且都做到了店店拥有百万元年营业额。

总结时，荣红荣和李金锋都强调他们基本就是根据樊文花公司制定的方法来经营的，"听话、简单、照着做"，然后把业绩做出来。

例如免费派发，荣红荣和李金锋就将这一工作做到了极致，他们的车上、包里永远装着面膜，走到哪里派发到哪里。通过这样的派发，硬是在这个城市牢牢地把市场地位占住了。

另外，李金锋特别重视新店开业，他说："每一场开业都要办得像婚礼一样隆重。"他的逻辑是"开业一定要有人气，有了人气才会有财气，好的开端便是店铺成功的一半。"他为了创造人气，在门店开业的当月免费派发了5000张以上的面膜，随后每月平均免费派发量也达到1500～2000张……从派发、体验、成交、复购到转介绍，整个营销闭环都有详细的销售数据做支撑。

还有一个是李金锋专属的小秘诀，就是在设定业绩目标时，他会在原来的基础上适当提高20%～35%。如果希望每月平均业绩达到10万元，则会为店长设计的考核目标在13万元以上，"求其上，得其中"，巧妙地利用人性的规律，这些手段都强有力地保障了"单店百万"的目标。

李金锋和荣红荣以前是做建材行业出身，勤奋对于他们来说不是问题，在有了平顶山市场先机之后，剩下的就只有拼搏了。难怪李金锋在说感想时，用了"疯狂"二字来形容这次重新创业：

"干樊文花不难：不闲，不懒，不小气，不图一时享受。白天想，夜夜想，时时想，刻刻想。你若疯狂，一定绽放。"

荣红荣和李金锋，也是因为相信"相信的力量"而实现了绽放。

2017年全年下来，有11%的樊文花体验店达到了百万元的年营业额。

3. 标杆的力量

荣红荣和李金锋在平顶山的8家连锁店，店店拥有百万元年营业额的业绩，被樊文花公司命名为"金荣模式"，作为标杆经验，正在面向全国的加盟商推广。

长期以来，樊文花公司在管理上都特别注重倡导榜样的作用，在能出绩效的地方都寻找榜样人物，挖掘、学习、推广其经验。可以说是处处树标杆，店店有榜样。

分公司有标杆，店铺有标杆，店长有标杆，店员个人也有标杆，一层层下来，每个月都进行评选，并且一定会总结经验并分享到全国，这样就形成了一股浓郁的学习榜样的风气。

除了业绩数据的标杆，还有对企业价值观贯彻执行的标杆，硬的标杆和软的标杆在樊文花的管理方法中都时常可见。

而且每个月，每个标杆和榜样都描述得非常具体。例如：

这样的标杆有很多，比如日积月累，一步一个脚印，抓好管理和激励，实现小步快跑的甘青宁分公司。

用诚心感动更多用户的内蒙古自治区集宁五洲商场店王艳青。

把用户当朋友，以诚相待的梁霞。

改善店铺硬件设施，增加用户体验感的陕渭南华润万家购物中心店王信民。

坚持派发的乌兰察布恩和大街维多利店李容珍。

认真做好30分钟极致体验服务，做好每天计划的许锡爱。

以身作则，严格执行公司各项规定的枣庄滕州贵诚购物中心孙莉。

挖掘用户消费潜力，实现由量变到质变的吴艳芳。

把伙伴当家人，善用产品，打造好业绩的济南和谐广场店凌雪。

发挥最大团队力量的内蒙古自治区集宁奥威购物广场店杨丽娟。

……

樊文花陕西分公司总经理卢滔则是用系统思维来推动榜样作用的。

"围绕目标管理，分步骤、分阶段、系统地推进战术的落地和经验复制，用榜样和挑战来带动激励，让榜样浮出水面，阶段性地制定游戏规则，如店铺陈列、派发纳新、活动氛围塑造、百日攻坚、店容店貌、极致体验等专项挑战活动，营造市场'比学赶帮超'的良性竞争氛围。"

樊文花的这种树标杆的管理方式，或者说管理风格，非常符合国情，基本上每个中国人都很熟悉，因为我们都是在这种学习榜样的氛围中长大的。而樊文花因为自身全国的市场格局，加盟商加入的时间先后有差别，各地做法也有先进与落后的差别，所以要做到店铺整体水平不至于相差太大，就需要形成这种管理风格，让大家互相学习，共同提高能力。

王国鹏不但是营销的专家，还是一位集管理和动员能力于一身的高手，而且他非常善于提炼和总结。关于榜样的作用，他曾经非常有诗意地写道："榜样就是播种机，榜样就是宣传队，榜样就是宣言书。"

"今天我向榜样学习，明天我向榜样靠近，后天我就是榜样。"王国鹏还为此写过很多排比句，来说明榜样的重要性：

"榜样是希望，如果没有'金荣模式'，店店百万不会有人相信；榜样是方向，如果没有直营分公司直营店的贡献，面膜派送就不能成为樊文花的方向；榜样是信心，如果没有4.28（周年庆日）和日常对榜样的推广，就很难唤起一个群体的信心；榜样是标准，如果没有常州模式的学习，陕西的业绩还要在低迷中摸索好久；榜样是挑战，如果没有对'金荣模式'业绩的挑战，杭州的店铺业绩也不会有50%的增长。"

在王国鹏看来，榜样就是领导力，一个好的榜样就意味着带来集体的经营增长点。

李清红是内蒙古集宁区的加盟商，经营着5家樊文花门店。2017年1月评比的时候，李清红的团队里有两名伙伴的个人业绩排在全国前10

名，3家店铺成为标杆店铺，月平均营业额都在14万元以上。

她分享的经验就是：自身（老板）做好榜样和拥有一个好的伙伴（店长）非常重要。"从2015年开第一家樊文花美白面膜体验店至今，自己就从来没有好好休息过一天。作为老板（加盟商）必须以身作则，伙伴休息了我顶上，新店开业人手不够我顶上，我常常和店里的伙伴同吃同工，没有老板、店长、美容顾问之分。针对店里的各项事宜，从基础的派发到面膜售后，再到店内的卫生，都是我带头去做，在店里和伙伴店长融到一起，我们店内的氛围特别好，团队凝聚力特别强。"

李清红每开一家新店，前期都会和新店长一起带店、一起派发、一起销售、一起做店，业绩和人员稳定后就放手让店长去做，自己在大后方支持店长，帮助她们完成不是特别擅长的事宜，做她们坚实的后盾。

李清红就是按照这个方式，连续复制了3家店，店店实现百万元年营业额的，而且店与店之间的竞争精神被调动了起来，都不服输，每个月的业绩都彼此咬得特别紧。2017年1月，李清红管理的集宁奥威购物广场店、维多利店和五洲商场店的业绩分别是：172 470元、161 759元和121 235元。

4. 2022年10000家店的目标

还记得前面说过，樊文花根据中国的市场测算出可以开两万家连锁店的数字吗？

这个数字的逻辑是这样的，根据成本推演的结果，一家店如果有1500名稳定的用户，基本上就能存活。"还有，你要在这个品类里做到第一，必须占据30%以上的市场份额，大概一个城市每100人中就有2个

九、存在一个女性面部护理的"百亿元市场"吗？

人是樊文花的目标客户。以一个 1000 万人口的城市为例，就有 20 万名目标客户，20 万再除以 1500 人，就是在这个城市可以开店的数量。"

"这个数字大概是 133 家店，这是一个拥有约 1000 万人口的城市的开店数量。如果按照这个标准来算的话，全国能开 2 万家店。"

不过，王国鹏给樊文花定下的目标是在 2022 年店铺数量达到 1 万家。"其实 2 万家的意义在于让大家相信 1 万家并不多。"王国鹏笑了笑。"我并不是真的要开 2 万家店，因为如果在中国能够开到 1 万家樊文花面部护理连锁店，就已经是世界级的企业了，目前单一品类开到 1 万家连锁店的企业是很罕见的。"

"如果我们能够做到 1 万家店，还能够店店年营业额达到 100 万元，这就是一个很了不起的项目。"

1 万家连锁店，在王国鹏这里已经胸有成竹。"2018 年目标确定可以完成 4000 家，2019 年总数开到 6000 家，从 4000 家变 6000 家是很容易的。然后 2020 年开到 8000 家，也就是说，4 年以后我们就可以有 1 万家店。我们会控制速度，用 5 年的时间来实现业绩突破 100 亿元，也就是每家店达到 100 万元。"

目前这还只是个数字推演，让我们拭目以待。还有 4 年时间，樊文花正处在 2017—2018 年的高速发展阶段，能否平稳顺利地度过这个时期仍值得观察。如果这个伟大项目真的完成了，那么本书也是做了一次伟大的记录。

"拼开店数量的核心其实在于，我们必须在这个品类上拿到第一名。"王国鹏说，"我们不是为了追求数量，而是要占据市场的第一位。"

"对于樊文花企业来说，真正意义还在于，我们要不断地去探底，不断去探究我们潜能的边际在哪里？作为一家已经经历了30年时间的商业公司，樊文花如果还不能发力，就一定是方法不对。它能活过30年，一定是在很多事情上做对了，我们现在就要找到那些做对了的地方，然后把它放大。我想表达的是，我想像孙悟空吹汗毛一样，变出无数个小樊文花，帮助广大女性体面、优雅、轻松、持续地赚钱。"

而在一线负责落地的薄晓波关于樊文花市场增量的部分是这样思考的："未来市场增量包括两个核心部分。从店铺来讲，一是店铺的增量，二是市场的增量。但市场的增量其实来自于店铺的增量，店铺的增量来自于两块：一是让更多的客人到店，二是让更多的人来买，并有更多专业的人给予服务支持，达到店铺业绩的双提升。即使已经有更多的人来买了，我们也要秉承樊文花免费分享面膜、免费体验护理的传统，这是我们起初创业的时候创立的原则，不能把根本原则丢了。只不过在接下来设定目标的时候，我们会倒推指标，这是大家认同的。"

而樊文花有个理念："管理必须先有市场，如果没有市场光说管理，就是浪费时间，所以我就想把市场先做起来。"

现在的樊文花在全国已经有了3000多家连锁店的市场规模，管理已经成为重要的事情了。

5. 目标管理可以确定未来

王国鹏对樊文花最重要、效果最显著的贡献，就是引入了目标管理。

不但是在经营目标的科学制定上，更难的一点是，王国鹏将实现目标的意识在整个团队做到了深入人心，让每个人都理解到位，与企业的价值观联系起来，并且能付诸行动，成为独特的方法。王国鹏的目标管

九、存在一个女性面部护理的"百亿元市场"吗？

理，是知行合一的目标管理，是软硬结合的目标管理。

"目标的实现是靠自下而上的推力来完成的，通俗地讲就是，美容顾问实现目标的前提是帮助顾客实现目标，那么顾客的目标一定不是买樊文花的产品，而是解决皮肤问题和增加对品牌的信任感，那么我们美容顾问的目标可能是月销售额3万元，这个目标如果不能转化为帮助100位顾客设计月度或者季度皮肤护理方案的话，我们就会和顾客的目标对立起来，这样就会很难成交，而且即使是成交了，在高压环境下的成交也并不是好事。所以，一线直接和顾客接触的伙伴，真正努力的方向是通过提升专业度去解决顾客的皮肤问题，以用心和专注的态度去解决顾客的信任度问题，这样的成交不仅愉快，而且持久。"

这一段长长的话，值得细细体会。

把一线美容顾问的工作目标和顾客的目标如何通过逻辑统一起来，找到大家的共赢点，并且让每位在一线的伙伴都理解到位，真心真意地去执行，看到目标一步步实现，这就是王国鹏每天都在想尽各种办法要做好的工作。

王国鹏的这种关于目标的解释，让每位在一线的伙伴都能找到工作的方向，从而使整个团队都能把力量用到正向上，而不是简单追求一个销售数字的攀升。

"你制定一个目标，然后把它实现了，这是世界上最开心的事情。"

"一位雕刻师在雕刻一座石像，一个美丽女孩的头部轮廓慢慢呈现在他手里，站在旁边的一个小女孩就问这位雕刻师：'叔叔你怎么知道石头里面藏着一个女孩呢？'雕刻师就跟她说：'因为她在我心里。'"这个故事对王国鹏的启发很大，"如果你心里真的有一个目标，就一定能实现。

因为我一直都是这么做的。我就喜欢用目标管理的方式去确定未来。"

关于目标的心理源头，王国鹏的思考逻辑是这样的："大部分人对未来是恐惧的，因为未来是不确定的。这种恐惧导致大部分人的能量被消耗掉了，反而很难把自己的能量用在当下。但是事实上，人只能活在当下，而目标就是确定未来。所以，用目标管理的方法能够去撬动人性中那份对未来不确定性的恐惧，表面上好像是在实现一个怎样的目标，但实际上是在征服人性内在的恐惧。"

这个意思是，如果一个人不懂得用目标管理的方法去确定未来，那就没有办法消解内心对于未来不确定性的恐惧。"我希望我在这个世界上存在的价值，就是能够找出一套目标管理的方法，带领一群人一步一步地用目标管理的方法去确定未来、实现未来，然后成为他自己。"

王国鹏想要达成的是让每个樊文花人去思考目标与梦想的关系，让每个樊文花人都活出自己最好的状态。"目标是物质的，只有梦想才能够让一个人成为他自己。"王国鹏的目标管理不只是企业及个人的经营目标要实现，还有一层意思，就是要让每个人都在樊文花这个企业里成为自己。

"如果我们能解决好目标与梦想的关系，就能够调动社会上最基层的这群人的意愿和创造力。"这就是王国鹏希望建立的目标管理文化。

在王国鹏的带领下，樊文花企业建立了浓郁的目标管理企业文化，但这个目标管理并不是生硬的、冷冰冰的，反而是充满了人情味的、细腻的。

"在实现目标的过程中，大家要相互陪伴、相互监督、相互鼓励，并

九、存在一个女性面部护理的"百亿元市场"吗？

且要及时准确地把具体业绩反馈给目标主体。"王国鹏的语言总是透出兄长加领导的感觉，既带有温暖感，又带有工作指导性。

王国鹏让樊文花人在实现目标的过程中有战士般的感觉，"实现目标的道路上充满了孤独和寂寞，那么在这个过程中，就要有及时的反馈，就像跑步软件，它为什么能让不同区域的人在不同的跑道上坚持运动，还乐此不疲？就是因为它不仅告诉你成绩，还告诉你队友的成绩，而且每行进一公里都会收到它的鼓励或者赞美，只要你突破了昨天的自己，就会有勋章。"

目标管理文化，是樊文花实现百亿元市场的心理基础，然后就是事在人为了。

体验式零售

十、离百年老字号还有 70 年？

"我有一个梦想,就是让所有没时间去美容院做护理的女人都能获得高质量的护理服务。这听起来好像也没什么,但为了这个梦想,我的确投入了很多。樊文花一直在坚持,一直在奔跑,而且这条路上现在有了更多的伙伴与追随者。生命不息,奋斗不止!我不知道樊文花能走多远、能走多久,但我和樊文花的伙伴们,有一个100年的约定:樊文花一百年只做一件事,就是让女性时刻保持健康嫩白的皮肤!这是我们的梦想,这也是樊文花的初心。"

"未来5年,预计樊文花面部护理体验店在中国将达到5000家。十年磨一剑,10年之内我们将在全中国100座大中城市开出至少10000家门店。我们有信心、有决心让店铺的净利润持续增长,樊文花将帮助10000名女性打造创业平台,让中国1亿名职业女性无论在哪里都能找到樊文花,让樊文花开遍中国乃至全世界的每一处地方。"

——樊文花,广州樊文花化妆品有限公司董事长

2016年4月

1. 一百年只做一件事

樊文花的这次转型升级,相当于是一次连续性创业。这其实比一般的创业还要难。樊文花其实是完成了一个跨越,从传统的美容院转型为面部护理体验店,在这个过程中,也有运气和偶然的因素,这些再与她的企业基因相遇,才有了今天的结果。

"我们战略顾问公司的员工说过,樊文花做了一件很了不起的事,就是把面部护理这个细分行业找了出来。美容业协会会长马娅也觉得我们很了不起,她说我们能把面部护理这个类型很成熟地规范出来,以后能做成标准。"樊文花说:"我觉得我们做的这个事情肯定是要坚持做下去的,做了以后会对整个行业都有贡献。"

这就是樊文花的梦想,它很简单,就是坚持把面部护理做下去。"我身上坚持的秉性,和我的生长环境有关,我是吃苦长大的人,觉得坚持下去是正常的。还有,我是一个工作型的人,我觉得把企业做好就是我的全部,是我的价值所在。"

"如果说30年做下来我有什么想说的,那就是,我也没什么了不起的，但是我觉得我在最重要的时候坚持了下来。是一种责任让我坚持着，而且我一定要做好，因为我身边这些人需要我的帮助，是这种责任感让我坚持了下来。"

某电影里有一句台词：咸鱼都有自己的梦想。何况是一家企业呢？只要是企业，都会有自己的梦想。

大多数企业的梦想都是：上市，或者做成百年老字号。当然也有其他的，例如回馈社会、报效国家、造福人类、保护自然资源等。

樊文花的梦想是"怎么让女性保持健康嫩白的肌肤，坚持到100年"。"坚持"是樊文花骨子里的性格，也是她前面30年走过来的信念，再提出坚持一百年，也并不奇怪。

前几年有学者做的统计显示，在日本，寿命超过100年的长寿企业有20 000多家，寿命超过200年的日本企业有3000多家；在德国、法国，也都有将近1000家；尽管美国自独立以来才有200多年历史，但美国的百年老字号企业也有1000多家。（以上数字引自经济学家陈志武的文章《中国要做百年企业到底缺什么？》）

樊文花团队希望拿"百年老字号"这个招牌来要求自己，希望建立起一个更宏观的格局来指导当下的具体工作，希望借助这样的头脑风暴来激发出企业更大的动力。

凭借现在已经走过30年的基础，樊文花怎么为以后的70年做好架构呢？到2018年，樊文花这个企业已不再是樊文花一个人的了，而是有着3000多家连锁店、上千个加盟商、200多万名会员的一家遍布全国十几个省、市、自治区的体验式零售商。

有些企业不一定敢想做100年，因为可能随着新技术的发展，它所在的整个行业都会被消灭掉。但女人面部护理的生意是敢去想怎么做100年的，除非女人不爱美了。

樊文花100年的这个企业梦想提出来的过程是这样的：

2003年的时候，樊文花提出"一辈子只做一件事"，希望专注把肌肤美白的事情做出成果来。

2005年的时候，修改为"一百年做一件事"，梦想是"让1亿名亚洲女性时刻保持肌肤嫩白"。

至此，这些内容都还在围绕着要聚焦某个产品或业务、聚焦某个群体或解决某个问题，都还没有与企业如何坚持做到100年的方向关联起来。因为在此之前，樊文花还需要为生存而奋战，需要聚焦生产目标，解决企业的生存问题。

直到2018年确认了企业转型升级成功之后，管理层才敢在高层内部以小范围务虚的方式讨论一下如何保持现有成果，并坚持到更长时间的百年命题。

"一百年做一件事"，这句已经对外宣传的口号表达了樊文花要坚持成为专业人、做好专业事的决心，也暗藏了樊文花做百年企业的梦想。

任何企业的伟大成功都与时代有关，而所有持续的成功都与企业文化有关。如果你的成功很伟大，一定是与这个时代相遇了，与企业家的天赋相遇了。而一家长盛不衰数个百年的成功企业，则是与企业的基因和传承息息相关。

30岁的樊文花企业刚刚步入壮年，但已经艰难地颠覆了自己好几次，未来的70年还不知道会有怎样的磨炼与考验。

樊文花在2018年依然深感忧虑："现在我们就像撕薄了的棉花被一

样,密度是不够的,我们要加强密度,保持上下的一致性。我现在觉得什么是战略呢?战略就是告诉大家怎么一起做好一件事,一起围绕目标干不同的活。"

2. 创始人的《成功日志》

樊文花给自己和公司的管理干部都特别印制了一个软皮笔记本,封面写着4个字——成功日志。这是樊文花每天随身必带的东西,是开会时的记录本,平时想到什么有用的也都会记在这个本子上。重点是,这个笔记本里面有非常具体的目标管理,以周为单位,在每周开始时有"本周目标",并且设置好了"完成期限",完成一项要在完成时限处打钩。

值得一说的是,在目标里还有一项是"本周其他目标",特别写明"请注意规划你的生活,平衡你的人生"。里边又具体分有"理财规划、家庭生活、学习成长、人际关系、健康休闲"5类。

可见在樊文花的心目中,工作之外的生活,也是成功人生的重要组成部分。

这是一本由创始人樊文花百忙之中亲自设计出来的目标管理手册,除了每周列明目标,更重要的是还有"上周总结",使用者需要具体说明"目标完成情况、未完成目标的原因及障碍、克服障碍的对策和方法、本周创新与收获,以及"本周最想分享的三点"。

这本印制于2016年4月的软皮笔记本,并不是一个普通的本子,而是樊文花建立企业文化体系的一个重要细节,也是企业内部管理的重要工具。

从中，我们可以看到樊文花企业内部提倡的"成功学"的逻辑，引录如下：

"人人都渴望成功，但成功者总是少数，多数人没有成功，是因为他们没有找到成功的方法。"

"在通往成功的道路上，你也许遇到过这样的障碍：心态消极，悲观失望，怀疑害怕；目标不明确，东飘西荡，没有方向；不会时间管理，拖延、效率低；没有持续学习，缺乏应变能力；行动力不够，想得多做得少。"

"多年时间表明：每天对自己的心态、目标、时间、学习和行动五个方面的管理，可以帮助我们改变思维、改善行为，养成高效的习惯；并且可以帮助我们逐步克服以上的障碍，实现人生目标，取得成功！"

"这个本子叫计划本，我用这个方法已经 15 年了，我的年度计划、季度计划、月度计划、每周计划和每天计划都在这里。以前是每年一本，现在是半年一本。这半年在事业、财富、生活上的成长都要做什么，我全部都要清楚。没事的时候我就会看看本子，好好想一想到底做到了哪些，还有哪些没做到。"

樊文花在开辟新的连锁店日化线后，亲自指导设计了这个本子并派发给公司的每个管理团队成员，可以说，这个笔记本也属于樊文花转型时期的产品。

为了时刻熟悉工作，本子里专门有樊文花的产品明细表，可以看到 2016 年的 103 个产品，有面膜、泥膜、原液、乳液、礼盒、本草加强原液、霜、眼部护理品、卸妆洁面、手足鼻部护理品、特色单品、彩妆、会员专区产品等，以图表的方式呈现，便于伙伴清楚了解所有的品类。

不过这个笔记本更重要的作用是，希望管理从细节入手，来建立樊文花的企业文化。连锁店越开越多，统一管理就成了新的要求。每个步骤、每个环节聚合起来，都有可能成为大的问题。

"企业文化就是我们在这里的做事方式！"樊文花特别注意关心每个伙伴的思想，"一个人的思想指导一个人的行为，大家都这么做，就形成了一种氛围，这种氛围就叫文化。"

在樊文花企业内部，的确能感觉到一种团结如一家的氛围，这种氛围出现在工作场合也不突兀，置身其中，总让人有一种暖洋洋的感觉。

但是，以上只是樊文花企业文化的一面。另一面则是，樊文花带着秘书亲自设计的这本管理笔记本，在管理层并不能完全推动下去，"大家写得很少，都不愿意写，甚至有些人反对，说她们自己清楚自己干了些什么。现在就只有两个分公司在坚持写，一个是工厂，他们每天写完拍照发到微信群里，还有一个是山西的分公司。还有就是我自己在写。"对于这种不能百分之百执行到位的情况，樊文花很无奈。

樊文花是一位非常感性的女性，要管理的也是一群感性的女人。樊文花本人也不是大公司背景出身的，其企业今天的规模完全是从零开始，所以她的优点和烦恼也都越来越明显。

"樊总具备的优点跟一般企业家相比不一样。通常我们认为，一名企业家要有各种战略思想，有决断力等，而樊总并不具备这些，她说话很感性，经常会动情流泪。而她的优点是真正把产品一线做得非常扎实。"

王国鹏形容樊文花有时候很像美国电影《阿甘正传》里的阿甘,有时候又像《肖申克的救赎》里的肖申克。"很多情况下,有人以为她是弱者了,但实际上她内心强悍得很,根本不是弱者。"

"樊总的创始人基因有三点让我们很佩服。"王国鹏说,"第一点就是她的坚持,这个我认为是百万分之一的概率,不论做一件事情有多难、多委屈,她都不会放弃。我觉得这一点很难得,因为大家都觉得坚持很重要,但是能做到太难了,而樊总有这个意志力。第二点是利他,樊总是在一个不太富裕的家庭中成长起来的,她很敏感,能够很快地捕捉到对方的内在需求,父母培养了她非常重要的善良品德。第三点就是资源的连接,因为坚持利他,所以她愿意分享钱、权,甚至所有的东西,这就使得更多的人愿意与她合作。"

王国鹏说:"樊文花公司一路走过来,是汗水加上运气,再加上时机。"他把樊文花走到今天的整个历程,理解为是有一种"相遇"的力量在后面推动。

"樊文花企业的发展是一个不断相遇的过程,首先是樊总本人和她的兴趣相遇了,很多人可能一辈子都遇不到,樊总通过一份工作找到了自己的热爱,这是第一个相遇;第二个相遇,是樊总的这份热爱找到了同样热爱这一事业的一群同事,这就变成一个事业了;第三个相遇,是这样一群人做成的这个事业和这个时代相遇了,大家所投身奋斗的事业和这个时代的变化接轨了。"

这也是樊文花自己成长的过程。在三年前,樊文花还在为自己的产品被别人看不起而伤心哭泣,下定决心要让所有伙伴们赢得别人的尊重。

现在随着连锁店的高速发展，樊文花慢慢地发现企业的追求也在改变，变成了要给更多的普通女性以美好的生活。

3. 一边哭一边跑的企业家精神

在团队成员眼里，樊文花是一个固执得很感性的女人。

比如，因为她太在意自己的产品，就会因为别人否定的态度而伤心流泪。有一次，薄晓波在太原免费给某机构送面膜，结果对接人质疑产品质量，不相信产品。

"我跟薄总说：'他们不要你必须拿回来'。这件事对我伤害很大，我在回广州的飞机上难过，到了广州我就哭了，我觉得我们的产品送给别人别人都不要，这么让人看不起，太让人伤心难过了。在那个时候我就下决心，要做第一品质的化妆品厂，不做到让大家真心选择我们的产品，我绝不放弃。"

作为樊文花最重要的伙伴，王国鹏特别能理解樊文花，"我问过樊总，在你最难的时候有没有想过放弃？她一秒都没犹豫，说从来没有想过放弃，就是想哭。"

"樊总特别爱哭。但她在什么情况下会哭呢？不是赔了钱，不是生意没做好，而是会在看到我们店里的形象做得一塌糊涂的时候哭，在看见伙伴晚上11点还下不了班时会哭……她不会为没钱哭，不会为辛苦哭。"

这就是王国鹏经常建议她要去消灭的"感性的烦恼"，他从管理的角度看到了樊文花的这个短板。"现在她这种愤怒、痛苦、流眼泪其实都是感性的烦恼，但解决不了问题，只会让问题变得更复杂。情绪一失控，就把问题变简单了，意味着下属通过眼泪明白你知道问题了，这就等于把问题交上来了。"

过去是作坊式企业，这样的管理也许没有问题。但在企业转型升级之后，需要面对的问题将更加复杂。企业创始人的性格特点有时候会影响企业的管理文化。

樊文花则很庆幸企业在转型的时候，遇见了王国鹏这样可以对她直言不讳的职业经理人，能说出她所不能、不愿、不敢去表达的东西，告诉她那些其实并没什么。

"我碰到问题，首先是想把情绪发出来。现在事实也证明了，一定不能拿情绪去解决问题。哭也好，发火也好，最终还是得面对问题，还是要靠自己去解决。情绪出来起不了作用。"

王国鹏自己也创业过，特别能理解创始人，"做企业家真的是挺难的，我们看到万达创始人王健林号啕大哭过，融创创始人孙宏斌泣不成声，80后创业明星茅侃侃自杀……这都说明，创业不是一般人能做好的工作，特别不容易，但如果坚持下来就是一个精彩的过程。所有的企业家，谁不是一边哭一边跑？这个过程没有回头路，必须不停地往前走，必须不断地挣扎，这就是创业精神和企业家精神。"

一边哭一边跑，也就是"屡败屡战"的意思吧！

樊文花本人就是一位跑步爱好者，已经坚持跑了3年时间，每天6点起床，每天平均跑6公里，她给自己的目标是全年要跑2200公里，最近还报名参加了马拉松。

"跑马拉松的过程要快乐，虽然有点累，但在跑的过程中心里还是有点兴奋的。不只是到了终点才感受到快乐,过程也有很多的快乐。"

比起马拉松,每天的晨跑更是让樊文花领悟甚多。"我特别喜欢早晨跑步,最开始跑的时候,天还是黑的,跑着跑着天就亮了,我就觉得自己是在迎接新一天。"

做企业,其实很像是在黑暗中跑步,不知道前方能不能跑到天亮。

经营企业并不是有天黑便必然有天亮,有时候可能很久才能见到天亮,有的企业甚至永远都见不到天亮。

"终于天亮了!因为我一直在黑暗中,所以我不知道前方能不能跑。每当看到太阳升起,我都想哭!我只有在跑步的时候,才知道终归是可以等到天亮的。"樊文花说,"我始终觉得企业还在路上,不知道下一个情况是什么。即使到了现在也还是这样。"所以她每天都早早起床跑步,去迎接每一次天亮,她喜欢每天天亮了的那一个瞬间。

王国鹏在给樊文花企业做的战略介绍 PPT 里,就有一句这样的话:"一条路跑到黑,迎接下一个黎明。"

在樊文花公司的高管里,曾经流传过这样一个词:"干黑跪亮",意思就是"在樊文花公司,必须一条路干到黑,就是跪着也要等到天亮"。

2018 年,仍在路上的樊文花正在让中国更多的女性越来越美,也正在让自己越来越有力量,并希望前面的风景越来越美!

附录　樊文花企业发展史

- 1988 年，樊文花第一家美容院和美容护肤中心在山西成立，开启了樊文花进入中国美容护肤行业的契机。
- 1988 年，创始人樊文花创办了广州樊文花化妆品有限公司。
- 1993 年 5 月，产品研发中心正式成立。
- 1998 年，樊文花 CIS 系统全面导入，樊文花本草美容品牌正式诞生，正式推出中药草本面膜。
- 1998 年，樊文花专业线产品"贵夫人"淡斑系列产品上市，口碑与市场反应强烈，进一步奠定了品牌在美白淡斑领域的地位。
- 2000 年，广州市花都区芙莉思化妆品厂成立。
- 2001 年，樊文花女士当选山西省美容美发协会副会长。
- 2002 年 8 月，成立广州樊文花化妆品有限公司。
- 2004 年 8 月，举办"樊文花百万名店财富论坛"。
- 2005 年 8 月，樊文花国际美容集团在香港正式注册登记成功；荣获"中国至尊美容大奖"和"中国最值得信赖的美白品牌"称号。

- 2005年12月，樊文花女士荣获"中国美——十大最具影响力美容管理者"称号。

- 2006年，樊文花被评为"影响中国科技美容十大精英品牌"。

- 2006年，樊文花推出"樊文花——修炼魅力女人大学堂"课程。

- 2007年10月，樊文花公司成功召开品牌经销商大会，与会人员达1300人。

- 2008年9月，樊文花在广州花都现代化工厂正式运行；同年10月，与香港美白研究所合作研发新品。

- 2009—2010年，邀请演员郝蕾担任品牌形象代言人。

- 2010年11月，与北京市植物资源研究开发重点实验室合作研发新品。

- 2011年，获称年度中国美业"20大影响力品牌"。

- 2012年1月，樊文花本草美白面膜体验店正式立项，并获得年度中国美业"十佳美容名店"称号。

- 2013年4月，第一代樊文花美白面膜体验店在广州来又来商场正式营业。

- 2014年9月，参加中国第41届美容博览会，荣获"中国面膜新势力"称号。

- 2014年11月，樊文花获评"广东省最具投资价值品牌"。

- 2014年12月，樊文花美白面膜体验店已突破200家，半年开店150余家。

- 2015年1月，樊文花女士被授予"中国美容业领袖主席团副主席"称号。

- 2015年3月，强化10种不同肤质的二代美白面膜上市，包装更能展现草本理念。

- 2015年4月，樊文花第一场私人订制"花粉汇"在山西太原举行。
- 2015年5月，成立樊文花大学，在广州、太原、西安、郑州和杭州等地举办大型"花粉汇"巡展和将帅营、特训营活动，新一代形象旗舰店广州永旺太阳城店盛大揭幕。
- 2015年6月，樊文花美白面膜体验店突破500家。
- 2015年7月，樊文花第一场千人"花粉汇"在陕西西安举行。
- 2015年9月，樊文花携"美丽时光机"参展中国第43届美博会。
- 2015年，樊文花公司获得"广东省最具投资价值品牌"称号。
- 2016年4月，樊文花美白面膜体验店突破1000家，4月28日在山西太原举办"千店同庆，感谢有你"系列店庆活动。
- 2016年5月，广州樊文花化妆品有限公司获得广东连锁经营协会颁发的"广东连锁20周年最具影响力品牌"和"最具影响力企业领袖"两项大奖。
- 2017年3月23日，樊文花女士接受CCTV《价值新发现》栏目专访。
- 2017年4月28日，樊文花首届美白面膜节在北京举行，提出"中国人有能力管好自己的脸"，亮出最强的民族品牌信心。
- 2017年10月10日，樊文花真正放弃简单的"产品促销"策略，正式回归"专注面部护理"，强化"服务品质"、强化"专业护理"。
- 2017年11月，樊文花面部护理研究院在广州花都成立，提倡"天然来源、科技领先"的理念。
- 2017年12月，鉴于樊文花品牌在2016—2017年度突出的市场表现及其在美容行业特许经营领域的影响力，被广东省特许经营协会授予"广东特许经营十年（2007—2017）卓越品牌"荣誉称号；樊文花特别获得"广东特许经营（2007—2017）领袖人物"称号。

- 2018年4月21日，在山西太原的红灯笼体育场，樊文花创下了同时为3000人做面部护理的吉尼斯世界纪录。
- 2018年4月24日，樊文花面部护理连锁店突破3000家成果发布会在北京举行。
- 2018年5月19日—21日期间，在上海国际美博会上，樊文花用两天的时间进行了现场签约加盟活动，迅速新开加盟店500家。